中国东北振兴研究院

东北全面振兴高端智库系列研究报告

东北地区民营企业高质量发展研究

程海东 著

东北大学出版社

·沈　阳·

图书在版编目（CIP）数据

东北地区民营企业高质量发展研究 / 程海东著. —
沈阳 : 东北大学出版社，2022.8
ISBN 978-7-5517-3122-5

Ⅰ. ①东… Ⅱ. ①程… Ⅲ. ①民营企业－企业管理－
研究－东北地区 Ⅳ. ①F279.245

中国版本图书馆 CIP 数据核字(2022)第 164894 号

出 版 者: 东北大学出版社
地址: 沈阳市和平区文化路三号巷 11 号
邮编: 110819
电话: 024-83683655(总编室) 83687331(营销部)
传真: 024-83687332(总编室) 83680180(营销部)
网址: http://www.neupress.com
E-mail: neuph@neupress.com
印 刷 者: 辽宁一诺广告印务有限公司
发 行 者: 东北大学出版社
幅面尺寸: 165mm×235mm
印 张: 9.25
字 数: 151 千字
出版时间: 2022 年 8 月第 1 版
印刷时间: 2022 年 8 月第 1 次印刷
责任编辑: 刘新宇
责任校对: 罗 鑫
封面设计: 潘正一
责任出版: 唐敏志

ISBN 978-7-5517-3122-5 定 价: 40.00 元

目　录

第一章 绪 论

东北地区民营企业在系列政策措施的支撑和引导下，结合自身的努力，为东北全面振兴做出了突出贡献，发挥了主力军的作用。随着时代发展，东北地区的民营企业想要走高质量发展路线，还需要在环境建设层面和企业自身建设层面进一步完善。

第一节 研究意义和价值

随着新中国成立后国家经济体制的变革发展，东北地区是最先进入计划经济体制，却又是最后退出这一体制的地区。在计划经济时期，东北地区因在工农业基础、能源资源方面的优势，是国家投资建设的重点地区，形成了完整而全面的国营、国有经济。在改革开放之后，经济体制的改革在全国展开，东北地区长期的国营经济留给民营经济的发展空间相对较小，民营经济发展滞后，与国内其他地区民营经济繁荣程度相比，存在较大差距，市场化程度低于东部沿海地区。民营企业发展缓慢、区域市场缺乏活力，严重制约了东北地区的经济发展和全面振兴，正如有学者指出的，我国在经济方面的发展进程步入“三期叠加”（增长速度换挡期、结构调整阵痛期、前期刺激政策消化期）的新常态。① 东北地区

① 陈学慧，林火灿.“三期”叠加是当前中国经济的阶段性特征［N］. 经济日报，2013-08-08（1）.

经济发展也面临着资源产业转型、民营经济不景气、创新动力不足、体制机制不完善等问题，经济下行压力更大。

2015 年，新华网刊发《事关全局的决胜之战——新常态下“新东北现象”调查》，对 2014 年东北经济增速大幅度回落的现象进行跟踪调查，此后，“新东北现象”受到了广泛的关注。在党中央国务院对振兴东北老工业基地所开的“处方”中，最关键的一味药是“要进一步解放思想，更新观念，最终要靠改革激发东北的‘内生动力’，向改革要红利”。① 激发东北地区经济发展的内生动力，在搞好国企改革的同时，促进民营经济的发展也是其中的重要途径。本书根据东北地区民营企业发展的进展和国内其他地区民营企业发展的实践和经验，分析东北地区民营企业高质量发展的障碍和途径，试图通过优化营商环境、节约成本、解决融资难等体制机制问题，实现民营企业的转型升级和高质量发展，激发市场活力，促进经济增长，实现东北的全面振兴。

改革开放作为我国历史进程中的一个重要节点，其标志性意义就在于经济体制从计划经济向社会主义市场经济转变，这一转变为民营企业的发展释放了巨大的体制空间和政策空间。我国民营企业的发展历程表明，民营企业的发展和体制的变革，可以相互促进和推动，实现共同进步。因此，本书总结了我国其他地区民营企业高质量发展的经验和做法，详细分析了东北民营企业高质量发展的进展和障碍，探索可能的对策和路径，以推动东北民营企业实现高质量的可持续发展。

经济体制改革和社会主义市场经济建设是要释放民间活力，民营企业的发展是民间活力释放的重要标志。改革开放后，我国地区发展的不平衡表明，地区经济发展的水平与民营企业发展质量的高低明显相关，东部沿海地区成为我国经济发展的高地，与当地民营经济的高质量发展有着密切关系。因此，很多学者认为东北地区国有经济占比过重、经济体制机制改革不顺、全面振兴乏力的原因之一是民营企业发展不够，民营经济活力不够，为此提出实现民营企业高质量发展，倒逼经济体制机制改革，以更充分地释放民间活力。因此，直面和有效消除阻碍东北民

---

① 李克强：振兴东北最终要靠改革激发内生动力[EB/OL].(2014-07-31)[2021-07-12].http://www.gov.cn/guowuyuan/2014-07/31/content_2727929.htm.

营企业高质量发展的障碍，充分激发民营企业发展潜力，实现东北民营企业的进步和繁荣，从而促进整个东北地区经济快速发展，具有重要的现实意义。

第二节 现有研究述评

关于民营企业发展的作用，国内学者的研究主要从局部区域和宏观整体两个角度展开。

局部区域研究往往以当地民营企业发展的环境为背景，梳理该地区民营企业现状，指出民营企业在促进区域经济发展中的作用。孙忠焕①以浙江省台州市为例，从数据上看，民营企业已经成为了台州当地经济发展的支柱，在此基础上探讨民营企业在现代市场经济中的特点以及在区域经济发展中的作用。邵映红②以温州民营企业为例，以相应数据为基础，阐述了民营企业在推动我国城镇化进程中的作用。李宝梁③则将环渤海地区与珠三角和长三角地区的民营企业发展进行比较，认为环渤海地区民营企业发展水平不够是造成区域发展差距的原因，他强调了民营企业在区域经济发展中占据了重要位置，有很大的作用。谢思全、张熇铭④对长三角、珠三角、京津冀地区民营企业的发展现状、优势、特点及其对地区经济增长的影响进行了比较和分析。许高峰、王炜⑤分析了民营企业对区域经济发展的一般性影响，包括拉动区域经济增长、增强区域产业竞争力、促进区域城镇化进程等，并结合不同地区的特点，以苏南、温州、珠江等典型地区民营企业的发展模式为例，探讨了民营企业对区

① 孙忠焕. 论民营经济及其在区域经济发展中的作用——浙江台州市的实践［J］. 财经论丛（浙江财经学院学报），2001（6）：13-19.

② 邵映红. 民营经济对中国城市化的推动作用研究［D］. 武汉：武汉大学，2004.

③ 李宝梁. 民营经济在城市和区域发展中地位作用的比较分析［J］. 天津大学学报（社会科学版），2007（2）：164-168.

④ 谢思全，张熇铭. 我国三大区域民营经济发展优势与特色之比较分析［J］. 现代财经，2009，29（2）：53-60.

⑤ 许高峰，王炜. 论我国民营经济对区域经济建设与发展的作用：以苏南模式、温州模式、珠江模式为例［J］. 天津大学学报（社会科学版），2010，12（6）：492-497.

域经济发展的不同影响。赵磊①以吉林省为例，认为民营企业已成为吉林省实现经济高速发展的新增长点，在促进区域生产力快速发展，缓解就业压力，维护社会稳定，加快区域城镇化进程，推进现代企业制度改革等方面具有重要作用，但与其他发达地区相比，吉林省仍存在民营企业规模偏小、实力薄弱等问题。

在宏观整体研究中，研究者在全国范围内，从整体上对民营企业发展的宏观形势做出研判，观点和结论比较一致，认为大力发展民营企业是我国区域经济发展的战略重点之一。厉以宁②用“无民不稳，无民不富，无民不活”指出了民营企业在国民经济发展中的重要作用，民营企业在推动市场化进程、形成国民经济新的增长点、缓解社会就业压力等方面做出了重要贡献。姚智谋、白凤峥③指出民营企业既是国民经济增长的重要动力，也是居民收入增长的源泉和实现共同富裕的重要方式。王志凯④在文章中指出，中国民营企业要不断苦练内功，政府和社会为民营企业营造宽松、公平的竞争环境，民营企业才能参与到中国的高质量发展中。

还有许多学者使用多种指标来衡量民营企业的作用和地位。周天、杨宏伟⑤早在 2006 年就以 GDP 增长、就业和产业效率作为主要指标来判断民营企业的作用，研究结果表明，整体上民营企业有逐步取代国有企业而成为推动经济增长主要力量的趋势，对就业的贡献已经超过了国有企业，产业竞争力高于国有企业。陈熙⑥以市场数据为基础，从经济建设和社会建设两方面阐述了民营企业在社会主义初级阶段发挥着至关重要的作用。

关于民营企业的高质量发展，胡金焱⑦认为我国民营企业高质量发展

① 赵磊. 吉林省民营经济存在的问题与对策研究［D］. 长春：吉林大学，2014.

② 厉以宁. 中国道路与民营企业高质量发展［J］. 宏观质量研究，2020，8（2）：1-8.

③ 姚智谋，白凤峥. 我国民营经济发展历程及其作用［J］. 浙江工商大学学报，2006（1）：93-96.

④ 王志凯. 民企要绽放高质量发展舞台必先苦练内功［J］. 财经界，2019（28）：29.

⑤ 周天，杨宏伟. 民营经济的地位与作用：对增长、就业和产业效率贡献的比较研究［J］. 经济论坛，2006（2）：65-68.

⑥ 陈熙. 现阶段我国民营经济的地位与作用研究［D］. 北京：北京工业大学，2013.

⑦ 胡金焱. 民营企业高质量发展要建设好四大支撑体系［N］. 经济日报，2019-03-14（16）.

需要在人才开发培养、科技创新、融资、营商环境四个方面着力构建相应的支撑系统。卜海[①]以江苏为例，从民营企业自身要实现高质量发展需要主动对标找差、专注实体经济、加快创新引领、优化人才接续四个维度着手进行研究。翁建荣[②]以浙江为例，为支持民营企业高质量发展，出台实施 10 方面 31 项举措。周戎、夏梁[③]以湖北为例，强调商事制度改革是民营企业高质量发展的关键。郭敬生[④]提出要在习近平新时代中国特色社会主义思想指引下进一步促进新时代民营企业的高质量发展，坚持四个自信，把握历史性战略机遇，贯彻领悟党中央关于新时代推进民营企业发展的相关政策。刘源、谢水园[⑤]认为，民营企业高质量发展也需要从“求速度”向“要质量”转变，而且辽宁承担的责任重大。马嵩[⑥]聚焦于东北地区的民营企业发展，从数据上看，东北地区民营企业的区域贡献率不仅低于民营经济发达地区，而且低于全国平均水平，反映出民营企业自身动力、政府外生动力、创新驱动力都存在严重不足的现状，与国内其他典型区域相比，东北民营企业的发展动力转换需要从规范政府行为、完善产权制度、鼓励技术创新、优化金融资源和人力资源配置等层面构建动力机制。

现有研究结果表明，我国学术界和政府管理部门在民企促进经济和社会发展中的重要作用形成了共同认识，民营企业的高质量发展对区域经济社会发展具有显著影响，但在促进民营企业高质量发展的具体措施上，缺乏深入研究。本书以实现民营企业高质量发展的必要条件为分析框架，调研东北民营企业发展现状，着重分析阻碍东北民营企业高质量

---

① 卜海. 长三角区域合作中江苏民营企业高质量融合发展研究［J］. 江南论坛，2019（10）：16-18.

② 翁建荣. 进一步促进民营经济高质量发展［J］. 浙江经济，2018（23）：23-24.

③ 周戎，夏梁. 深化商事制度改革服务民营经济高质量发展［N］. 湖北日报，2019-04-20（7）.

④ 郭敬生. 论民营经济高质量发展：价值、遵循、机遇和路径［J］. 经济问题，2019（3）：8-16.

⑤ 刘源，谢水园. 推进辽宁民营经济高质量发展的逻辑思考与对策研究［J］. 特区经济，2019（2）：125-127.

⑥ 马嵩. 东北地区民营经济发展特点及路径选择［J］. 东北师大学报（哲学社会科学版），2015（3）：77-80.

发展的痛点和盲点，针对这些痛点和盲点提出推动东北民营企业高质量发展的针对性措施。

我国民营企业在新中国成立后一个时间段内是被严格抑制的，是在市场化改革后复苏和发展起来的，隐藏着先天不足和后天发展又十分迅速的矛盾。这一矛盾导致民营企业实现高质量发展时所面临的制约因素不断显现。针对这些制约因素，很多学者进行了梳理和探讨。单东①早在20多年前就提出我国民营企业已发生了重大变化，但国家政策的导向、服务体系不健全、民营企业内部的经营问题都影响着企业的进一步发展，如家族式企业管理模式、模糊的产权关系、企业运营的短视、融资障碍、私有合法财产的法律保护不完善等问题。刘迎秋②认为民营企业发展面临的问题主要有：一是社会在思想上和体制上的障碍仍然存在，二是政策歧视远未消除，三是融资难仍将长期存在，四是外部环境依然严苛，五是民营经济内部的矛盾呈恶化趋势。高尚全③认为最主要的制约因素如下：一是产权保护制度不够健全，二是市场准入歧视，三是融资渠道无法满足需要。刘伟④认为现阶段至少存在三方面问题：一是规模经济的水平较低，二是在资源配置上面临较强的壁垒，三是“亚产业”特征显著。苏波⑤认为滞后的思想观念、管理方式和手段的不合时宜、歧视性政策、糟糕的融资环境、不健全的服务体系以及落后的自身素质等因素都制约着民营企业的发展。

从相关专家的研究结果看，制约民营企业高质量发展的共同因素可以从三个方面进行总结：一是体制机制问题，民营企业是经济体制转轨后复兴的，而体制机制的改革是在不断摸索中逐渐成熟的，在市场经济体制不完善的现阶段，计划经济的残余在一定程度上依然限制了民营企业的进一步的发展；二是市场进入壁垒的限制，国有企业在那些关系到

---

① 单东. 民营经济发展中的几个问题［J］. 商业经济与管理，2001（11）：16-19.

② 刘迎秋. 我国民营经济发展的理论与实践探索［J］. 经济学动态，2005（6）：20-24.

③ 高尚全. 加快体制创新，促进西部大开发和民营经济发展［J］. 中国改革，2000（11）：4-8.

④ 刘伟. 民营经济先天不足［N］. 中国产经新闻，2001-01-28（7）.

⑤ 苏波. 六大因素制约中国中小企业和民营经济发展［J］. 经济研究参考，2004（15）：13-14.

国家经济命脉的领域具有绝对优势，而且在需要雄厚资本、雄厚技术储备以及人力资源储备的领域，民营企业受制于技术、资金和人力资源的薄弱而难以进入；三是融资限制，民营企业在所有制、企业规模和现行金融体系等方面受到的约束，造成了融资渠道和金额的限制，难以快速发展。

我国不同地区因其自然、历史和文化条件的不同，民营企业在改革开放后的发展呈现出不同的模式，有学者专门针对这一问题进行了总结。谢健[①]将中国民营企业的形成和发展总结为五种模式：苏南模式、温州模式、珠江模式、中关村模式和三城（海城、兴城、诸城）模式。晓亮[②]总结为三种模式：温州模式、苏南模式和上海青浦模式。

对于影响我国民营企业形成和发展模式的因素，学者们也有不同的看法，主要有如下几种观点。

第一，民营企业发展模式由外部条件决定。许多学者认为不同地区的民营企业之所以能够形成不同的发展模式，关键在于其外部条件。外部条件有至关重要的作用。吴先华、郭际、翟爱国[③]认为苏南地区因其得天独厚的区位环境，有发展工业的基础和发展商业的历史传统，因此在改革开放后当地的乡镇企业可以异军突起。刘国良[④]也认为苏南地区紧邻上海，同时周边的苏州、无锡、常州等城市工业发达，很容易接受周边城市的辐射，同时空间距离近也为发展工商业提供了先天条件，为苏南乡镇企业的发展提供了良好条件。而温州没有这样的先天区位条件，农村集体经济薄弱。[⑤⑥] 但是，温州的优势在于家庭工业较为发达，一旦政策允许，则家庭工业和专业市场便迅速发展。可见，是外部条件决定了

① 谢健. 民营经济发展模式比较［J］. 中国工业经济，2002（10）：76-82.

② 晓亮. 青浦模式：发展民营经济的第三种模式［J］. 中国工商，2001（7）：102-104.

③ 吴先华，郭际，翟爱国. “苏南模式”演进过程中政府职能的转变［J］. 江苏商论，2006（4）：11-12.

④ 刘国良. 苏南模式与温州模式、珠江模式的比较［J］. 浙江经济，2006（18）：36-37.

⑤ 史晋川，朱康对. 温州模式研究：回顾与展望［J］. 浙江社会科学，2002（3）：3-15.

⑥ 陈智敏. 论苏南模式与温州模式［J］. 合作经济与科技，2006（10）：9-10.

温州民营企业的发展路径。[①] 张敏、顾朝林[②③]都认为珠江模式的形成是因为其区位优势，毗邻港澳，易于获得港澳资本，也易于通过港澳获得国际先进技术设备，这为珠江三角洲乡镇企业的发展创造了独特的机会。中关村模式是以高等院校、科研机构为原动力的发展模式，科技企业是经由原属于科研机构的科技人员“下海”而创立的，主要从事经营贸易和计算机应用开发与集成服务等方面，并在此基础上推动了技术的深入研究与开发，开创了“技工贸一体化”科技企业的先河，使得技术、管理和市场等要素得到充分结合。王缉慈[④]认为社会经济发展环境和区域性的基础条件是中关村模式形成的决定性因素。

第二，民营企业发展模式由政府作用决定。这一观点认为，民营企业复兴的关键在于我国经济体制的转轨，政府在社会主义市场经济建设中的积极作为。韩旭[⑤]认为在经济转轨过程中，政府的积极作为可以在乡镇企业产权不清的时候提高企业绩效。但是民营企业作为市场的微观主体，需要重视民营企业自身的作用。王秋红[⑥]将民营企业的发展区分为两个阶段，在初期需要政府的扶持，而在成熟之后则应尽量减少直接干预。王尚银[⑦]认为温州模式的形成源于政府的“无为而治”。沈立人[⑧]、聂智

---

① 徐忠友，李继凯.“温州模式”是否过时？[J]. 小康，2006（5）：66-67.

② 张敏，顾朝林. 长江三角洲都市连绵区可持续发展战略研究［J］. 长江流域资源与环境，2001（2）：112-117.

③ 张敏，顾朝林. 农村城市化：“苏南模式”与“珠江模式”比较研究［J］. 经济地理，2002（4）：482-486.

④ 王缉慈. 关于北京中关村发展模式的深层思考［J］. 北京联合大学学报，2000（1）：54-57.

⑤ 韩旭. 民营经济发展中的政府角色：从 LY 市的实践来看［J］. 湖南社会科学，2002（6）：37-40.

⑥ 王秋红. 略论政府在民营经济发展初期的作用［J］. 桂海论丛，2002（6）：49-51.

⑦ 王尚银. 私营经济发展与政府行为：温州政府的无为与有为［J］. 社会科学研究，2005（2）：12-15.

⑧ 沈立人. 地方政府在转变经济增长方式中的任务和举措［J］. 财经问题研究，1996（5）：3-5.

琪[①]认为苏南模式的形成源于政府的强势干预，应给予肯定。顾松年[②]认为这种政府的强势干预也使得苏南乡镇企业承担了过多非企业职能，主要包括社会政策职能和“公共企业家”职能等方面，一定程度上影响了企业的发展。

有不少学者认为，温州地区民营企业的发展得益于政府的“无所作为”，而苏南地区民营企业的发展得益于政府的“强势干预”。在珠江地区民营企业发展中，政府的作为则要温和一些，在企业创立之初就确立清晰的产权关系和相应的制度，并不直接干预企业的运营，而是将精力放在发展交通、能源、通信、职业培训等领域，创造良好的区域软环境。[③④⑤] 中关村民营科技型企业的创立与政府对于科技创新的支持分不开，三城模式是典型的国退民进，只有通过政府的强制型推动和监督管理才能实现。[⑥]

第三，民营企业发展模式由企业制度选择决定。谢健[⑦]认为民营企业健康发展的关键因素是产权制度创新，清晰的产权是民营企业最根本的特征和保证。史晋川、金祥荣等深刻剖析了温州模式的制度变迁原因，认为温州模式的形成是企业内生性要素决定的，政府在其模式形成过程中并不是主导性因素。张一力[⑧]通过比较温州模式与苏南模式在人力资本的结构及其运行效率上的异同，认为前者的形成属于企业家人力资本富裕型，而苏南模式的形成属于专业人力资本富裕型，这种不同造成了民

---

① 聂智琪. 制度变迁中的政府行为分析：苏南模式的启示［J］. 开放时代，2003（2）：39-50.

② 顾松年. 谈谈对苏南模式走向完善的动态研究［J］. 江南论坛，1998（5）：10-11.

③ 左正. “珠江三角洲模式”的总体特征与成因［J］. 经济理论与经济管理，2001（10）：71-75.

④ 王益澄. 长江三角洲与珠江三角洲经济发展特征比较［J］. 长江流域资源与环境，2001（3）：106-111.

⑤ 刘渊. 珠江三角洲城镇信息化创业发展的几点设想［J］. 中山大学学报（社会科学版），2001（3）：111-114.

⑥ 黄少安，魏建. 诸城“二次改制”的考察［J］. 改革，1999（2）：21-26.

⑦ 谢健. 民营经济发展模式比较［J］. 中国工业经济，2002（10）：76-82.

⑧ 张一力. 温州与苏州制度变迁的比较研究：基于人类资本结构的实证分析［J］. 温州大学学报，2005（8）：16-21.

营企业制度变迁中推动力量的不同。查振祥[①]认为外向型的珠江模式在于当地民营企业积极引进外部资本，同时也学习其先进的管理制度和经营方式，因此企业运营更加规范，保证了民营企业在后续的发展中能够更好地与外部市场接轨，不断吸收引进国内外技术、资金和优秀人才，组建企业集团，形成规模经济并不断发展。

中关村模式强调以智力资本为基础的自主创新，一个企业通常可以由几个人就能成立，企业管理、盈利和发展的核心是自主知识产权，而产权制度和标准化管理制度往往被忽视，[②] 这决定了中关村民营企业的产权制度和管理制度完全不同于其他民营企业发展模式。[③] 三城模式是由本地公有制中小企业改制发展起来的，但是改制后的企业仍然带有公有制企业的烙印。

第四，民营企业发展模式由外部环境决定。Baum 和 Singh[④]，Asheim 和 Isaksen[⑤]，Rtephen[⑥] 等从企业生态系统、商业系统、区域创新系统等角度，研究了外部环境尤其是当地软环境对企业发展的影响，其中法律、财务、信息、管理和文化环境都不同程度地影响着企业的效率。张文忠和李业锦[⑦]认为区域创新环境十分重要，它关系着企业的可持续发展，是企业可持续发展的动力来源。创新环境包括生产要素的可获得性、区域知识基础，以及现有企业网络和区域政策等，这些要素都在一定程度上对企业的创新活动和持续发展发挥着重要的影响作用。

许多专家学者通过对民营企业发展模式的总结和对影响民营企业发展的各种变量的分析，预测了不同民营企业发展模式的未来趋势。

---

① 查振祥. 珠江三角洲农村地区经济发展模式研究［J］. 特区经济，2002（12）：15-19.

② 齐园. “中关村模式”的内涵、问题及对策研究［J］. 开放导报，2010（4）：80-92.

③ 向江林. 中关村模式质疑［J］. 信息产业报道，2001（11）：22-24.

④ BAUM J，SINGH J. Evolutionary dynamics of organizations［M］. New York：Oxford University Press，1994.

⑤ ASHEIM B，ISAKSEN A. Regional innovation policy for small-medium enterprises［M］. Northamption：Edword Elgar Publishing Inc.，2003.

⑥ RTEPHEN S J. The empirics of new economic geography［J］. Journal of regional science，2010，50（1）：297-311.

⑦ 张文忠，李业锦. 区域创新环境和企业发展研究［J］. 软科学，2003（6）：25-28.

第一，民营企业市场竞争国际化。洪银兴和陈宝敏[①]根据我国民营企业发展一般规律，将民营企业发展的未来趋势总结为三种：外向型、民营化和乡镇企业转制，苏南模式可以通过活动发展为外向型民营企业的趋势，珠江模式的民营企业可以通过资本积累向参与更高水平的国际分工转变。徐元明[②]认为苏南模式的民营企业未来主要是以股份经济或混合型经济、集团型企业和外向型的发展模式为主，加强传统加工业与高新技术业共同发展，其中高新技术业以外向型为主要的发展方向。

第二，民营企业产业组织集群化。我国民营企业发展实践中，产业集群的发展趋势已经逐步形成。彭俊[③]认为以小商品行业集聚为主体是我国民营企业集群的主要形式；储小平、李桦[④]认为多种形式的中小企业集群同时并存也是民营企业产业集群化发展的另一大特点。如今，产业集聚发展模式是民营企业发展过程中的独有特征和优势。因此，经过实践检验，民营企业集群发展逐渐成为理想的发展模式。[⑤]

第三，民营企业组织规模化、集团化、网络化。学者和专家就民营企业发展模式如何确保未来地方经济快速、稳定和可持续增长进行了热烈的讨论。唐高平[⑥]认为未来民营企业将彻底打破传统的以家族企业为基础的局限，转向以企业联盟、兼并重组为基础的集团化发展模式，走综合发展的道路，重视资本经营和产品经营。高新让等[⑦]认为以专业分工合作为基础，将分散独立的民营企业联合起来，可以逐步形成一大批大型企业集团或跨国企业。董辅礽[⑧]将温州民营企业发展模式与变革总结为组织结构创新、市场价值观念变革、政府职能转变和社会保障改善四个方

① 洪银兴，陈宝敏. 苏南模式的演进和发展中国特色社会主义的成功实践［J］. 经济学动态，2009（4）：22-25.

② 徐元明. 乡镇体制创新与苏南模式的演进［J］. 中国农村经济，2003（5）：45-51.

③ 彭俊. 中小企业集群理论问题研究：兼评温州中小企业集群［J］. 华东经济管理，2003（4）：42-44.

④ 储小平，李桦. 中小企业集群研究述评［J］. 学术研究，2002（5）：60-63.

⑤ 潘忠志，李亚云，潘忠贤. 民营经济发展的新模式：产业集聚［J］. 东北电力学院学报，2003（5）：16-19.

⑥ 唐高平. 新温州模式的探讨［J］. 企业经济，2002（4）：13-14.

⑦ 高新让，李遂英. 高科技企业发展的几种创新模式［J］. 云南科技管理，2000（4）：3-6.

⑧ 董辅礽. 温州模式与中国民营经济的发展［J］. 宏观经济研究，2002（9）：11-14.

面，其中企业组织结构创新和发展是最重要的变化趋势。但随着经济的发展和市场环境的变化，温州模式中的家族企业面临着规模小、管理松、技术落后、生产效率低等问题，不太适合现代市场竞争。潘学萍[①]发现基于资本、劳动力等因素所形成的合伙制与股份合作制企业，能弥补家族企业的短板，具有独特的优势，正逐渐成为民营企业主流，既提高劳动生产率，也扩大企业规模。

① 潘学萍. 在比较中寻求民营经济的发展模式［J］. 经济视角，2004（12）：63-64.

第二章　民营企业基本理论

改革开放40多年来，民营企业的发展在完善市场经济体制，推动经济增长和发展，提高民营经济在国家经济构成中的比重，推动地区经济发展，释放民间活力，提升人民生活水平方面发挥着越来越重要的作用。民营企业的重要地位和作用越来越受到学者的关注，既有用现有理论解释我国民营企业发展的相关研究，也有认为我国民营企业发展的独特历程为主流经济学的研究提供了新思路。

第一节　民营企业、私营企业、民营经济概述

在长期的计划经济体制下，“私有”“民营”等概念在中国社会的政治经济生活中都被当作需要克服和消除的对象，即便后来在一定范围和程度上允许存在，也受到了严重的区别对待和歧视。① 改革开放以来，我国对民营企业的认识和定位也不断成熟，从改革开放前的“资本主义尾巴”逐渐转变为解决就业、补充国有经济的辅助性角色，最终成为市场化经济体制构建的主要力量，歧视性的政策和社会环境也逐渐发生根本性的改变，民营企业逐步获得平等的市场主体地位。2004年在国家的根本大法《中华人民共和国宪法》修正案中，“私有财产”概念被明确认可，关于“民营企业”性质、身份地位的争议逐渐平息，但对于其外延

① 李稻葵，梅松. 中国非国有企业研究文献综述［J］. 经济学报，2006（2）：161-178.

的探讨依然在继续，根据王劲松、史晋川、李应春的研究，目前我国理论界对民营企业究竟指称哪些企业，主要存在着四种意见：[①]

民营企业（广义）= 国家企业-国有和国有控股企业

民营企业（广义）= 个体企业+私营企业+集体企业+外商投资企业及港澳台商投资企业

民营企业（狭义）= 个体企业+私营企业+集体企业

民营企业（狭义）= 个体企业+私营企业

随着合法身份的获得，民营企业从早期披着各种“外衣”造成产权模糊的杂牌军，逐渐向产权明晰的现代企业转变。[②] 基于现有的研究结果，为便于研究，本书是在狭义的角度使用“民营企业”一词，主要指个体企业和私营企业。

黄文夫[③]早在二十多年前就认为，当前我国民营企业在所有制上是非国有、非全民所有制的，企业资金源于自筹和积攒，企业资本以固定资产投资、货币资本储备和证券投资为主，企业以自愿组合、自筹资金、自负盈亏、自我约束、自主发展，依靠市场求生存的方式经营，与政府保持相对独立的状态，政府部门不直接管理民营企业，只发挥着指导和协调的作用。剧锦文[④]认为，我国民营企业以利润最大化为发展目标，依赖市场原则；民营企业以产权清晰为前提，建立在纯粹经济利益关系基础上，有有效的约束机制、监督制度和激励制度；民营企业自我负责，以市场原则形成严密的管理制度，挖掘最大的发展潜力。

最初，私营企业是指企业所有权为个人所有，且存在雇佣劳动而与个体户相区别的经济体，是在改革开放后才又开始出现的。农村地区从大锅饭向联产承包责任制转变的过程中出现了专业户，而城市为了解决就业允许了个体工商户的出现，正是在专业户和个体工商户的基础上，私营企业得以复兴。直到十多年后，经过《中华人民共和国宪法》的修

---

① 王劲松，史晋川，李应春. 中国民营经济的产业结构演进：兼论民营经济与国有经济、外资经济的竞争关系［J］. 管理世界，2005（10）：82-93.

② 樊纲，陈瑜. “过渡性杂种”：中国乡镇企业的发展及制度转型［J］. 经济学季刊，2005（4）：937-952.

③ 黄文夫. 澄清民营经济的概念［J］. 中共石家庄市委党校学报，2001（3）：26.

④ 剧锦文. 民营经济的经济学解释与发展对策［J］. 经济管理文摘，2003（5）：20-22.

改，私营企业才得以获得公有制的补充这一合法身份，才得到国家的鼓励和支持。

在民营企业与私营企业的关系上，二者虽然有很大的重合部分，但并不相等，也不隶属。正如有学者所言，我国现实的经济成分处于不断变化之中，难以形成清晰的边界，只能把握一个大概情况，私营并不等同于私有。①

关于民营经济的概念，学术界有很多争论，还未形成共识。不同的学者从不同的角度形成自己的观点并参与讨论。

第一种观点，有学者从所有制的角度看待民营经济，认为民营经济是与国有经济相对的一种所有制，包括所有的非国有经济，如非“国营”的新型集体经济、非政府主办的乡镇企业、私营经济、个体经济、联营经济、股份制经济、外商和侨胞投资经济等②。此时的民营经济等同于私营经济，涉及各类产业，并以个体私营、私人合作，以及私人股份经济为主。

第二种观点，有学者也认为民营经济并非一个所有制概念，生产资料的归属并不是其主题，而与资产的经营有关，应从经营主体的角度进行界定。晓亮③认为民营经济的经营主体不是“国”和“官”，而是“民”，民营经营不同于私营经济，包括个体、私营、乡镇企业、民营科技企业、股份制企业、非国家控股“三资”企业和股份制企业、国有民营企业，概念的核心在于民营，而非民有。董辅礽④也认为民营经济是与官营经济相对的概念，侧重于企业的运作，因此个体、合伙、私营、入股分红的合作社，个人入股或公众持股的股份经济，以及外商独资或中外合资合作的经济都属于民营经济，这就排除了由官方出资经营的公有制经济。

第三种观点，有学者不赞成仅从所有制或者经营形式的角度对民营

① 晓亮. 关于民营经济的几个理论问题：我的民营经济观［J］. 中国流通经济，2010（10）：13-16.

② 黄文夫. 走向21世纪的中国民营经济［J］. 管理世界，1999（6）：135-143.

③ 晓亮. 从战略高度看民营经济发展［N］. 厂长经理日报，1999-09-22.

④ 董辅礽. 发展民营科技企业的问题［J］. 中外企业家，1999（10）：18-19.

经济做出界定，而是主张将二者结合在一起，不论哪种经济形式都是所有制形式和经营形式的综合表现。① 从语言学上看，民营经济与国营经济相对，私营经济则与公营经济相对，因此，私营与民营是不等同的。如果把民营经济与私营经济划等号，不仅不能充分显示民营经济的内涵，也不能充分体现民营经济的特点和属性。事实上，民营经济的指称对象比私营经济更广泛。仅从经营方式的角度来定义民营经济也是不正确的。② 不考虑所有制形式，单就经营方式而言，民营就应该包括民有民营、国有民营、混合所有制民营等多种形式，因此不能把民营这种经营方式等同于民营经济，民营经济是一种综合概念，既包含经营方式，也包括所有制形式。

第四种观点，有学者不承认“民营经济”这一概念，认为“民营经济”是一个不科学的模糊概念，没能明显突出所有制形式，而主张将“民营经济”改称为“民有经济”。③ 他们认为，“民有经济”的实质是“为民所有、由民所控”。虽然“民有经济”显示了所有制形式，以实现与“国有经济”的并列，民有即民间所有，包括民间个人所有和集体所有，但民营经济包含企业的经营方式，民有一定是民营，但民营不一定属于民有，而且经济形式都是经营方式与所有制的综合，因此在讨论经营方式时，不能离开所有制形式。

针对上述不同观点，也有学者认为“民营经济”作为一个概念，是对现实的反映，不能由人的喜好而随意改变，随着民营经济的发展和对市场经济认识的深入而不断发生变化，其内涵和外延也处于不断变化之中。我国民营经济的发展事实表明，当前的“民营经济”与改革开放早期已经有了较大的变化，在我国市场经济体制的发展完善下，民营经济的界定将更为清晰和科学，更能反映中国特色社会主义市场经济的特点。

---

① 李国荣.“民营经济”概念辨析［J］. 企业经济，2007（1）：5-9.

② 孙西克. 民营经济的概念及发展模式品议［J］. 政策，2003（12）：26-28.

③ 阳小华. 民营经济内涵问题探析［J］. 江汉论坛，2000（5）：38-40.

第二节　高质量发展解析

（一）企业高质量发展

随着我国经济发展导向由高速发展向高质量发展转变，对什么是“高质量发展”，学术界产生了热烈讨论和关注，对“高质量发展”这一概念的内涵、评价以及影响因素、实现的路径等方面展开探讨研究。这一概念形成于我国经济发展的宏观语境，因此相关研究也主要集中在宏观层面，针对经济高质量发展实质内涵进行界定。在不同认识下，学界的观点也存在分歧，没能形成一个统一的认识。宏观经济的高质量发展需要落实到微观的市场主体，市场主体的高质量发展才能支撑宏观经济的高质量发展，因此企业作为产业发展的基本主体，也需要关注其发展质量，避免概念的抽象化，使得理论获得微观支撑。

“高质量发展”中的“质量”一词，就其本源来讲，主要包括两个层次：第一层是指用于度量物体所含物质的多少以及检测物体惯性的大小，第二层是指用来判断产品、事物或工作的绝对或相对意义上的好坏程度。第一层是在自然属性这一角度下进行阐释的，它是从主体角度入手，解释质量主体所蕴含的内在属性；第二层是在社会属性视角下的进一步阐释，是一种客体角度下对质量主体外在属性的研究。针对企业发展而言，既可以在独立视角下作为微观经济主体，也可以在组织视角下作为内嵌于社会的组织机构，这两个方面都着重强调了企业的社会属性。在此基础上，第二层的内涵更有助于理解经济学范畴下的“质量”概念。

最初，“质量”用于对事物的价值判断，主要用于对经济事物社会价值的判断。① 随着时间的推移，指称对象也在不断发生变化，关注的问题不断变化，在强调“产品有用性”的客观质量的同时，也重视“产品能够满足顾客和社会需要程度”的主观质量论，同时涵盖了客观质量和主

① 任保平. 新时代高质量发展的政治经济学理论逻辑及其现实性［J］. 人文杂志，2018（2）：26-34.

观质量，关注了所有相关方的利益[①]。

就“质量”的本源含义层面而言，与之结合的载体不同，便会生成包括企业发展质量在内的多个衍生概念，用于解释“企业发展的优劣程度”。基于客观质量视角，评价企业发展质量不能仅着眼于绝对量或相对量的扩张，不能仅仅停留在企业静态的、现实的、表征性的经济价值和社会价值水平上，而应强调经济价值、社会价值的持续创造能力，与在此过程中体现出的系列本质性特征；基于主观质量这一视角，传统意义上评价重点突出实现效益最大化的现实价值判断，如企业绩效、企业竞争力、企业效率或生产率等，而最新研究则基于企业社会责任观或利益相关方理论进行了拓展，将利益相关方价值视为重要的评价维度。[②]

要理解“企业高质量发展”，还必须明确这一概念是要描述企业的现时状态还是企业的发展趋势。就状态性层面而言，其缘起于宏观经济层面的高质量发展，是一种有别于高速增长的发展质态，其内容表现出多维性和丰富性。[③] 企业高质量发展也是企业发展的一种新质态，即企业具有良好的经营绩效，发展质量处于高水平、高层次。就整个过程性来看，“高质量发展”是在传统粗放式发展模式到达瓶颈，当前的发展目标和存在矛盾逐渐有所转化背景下提出的，其提出与新发展理念相契合，[④] 强调“质量第一，效益优先”，[⑤] 是实现经济发展提质增效的新范式，是发展动力与抗风险能力的统一，是创造经济价值和创造社会价值的统一，是价值创造效率与创造水平的统一。[⑥]

综上所述，本书借鉴黄速建等学者[⑦]的研究，认为企业高质量发展内涵是：企业追求高水平、高层次、高效率的经济价值和社会价值创造，

---

① 杨幽红. 创新质量理论框架：概念、内涵和特点［J］. 科研管理，2013（S1）：320-325.

② 黄速建，肖红军，王欣. 论国有企业高质量发展［J］. 中国工业经济，2018（10）：19-41.

③ 金碚. 关于“高质量发展”的经济学研究［J］. 中国工业经济，2018（4）：5-18.

④ 师博，张冰瑶. 新时代、新动能、新经济：当代中国经济高质量发展解析［J］. 上海经济研究，2018（5）：25-33.

⑤ 贺晓宇，沈坤荣. 现代化经济体系、全要素生产率与高质量发展［J］. 上海经济研究，2018（6）：25-34.

⑥ 任保平，李禹墨. 新时代我国高质量发展评判体系的构建及其转型路径［J］. 陕西师范大学学报（哲学社会科学版），2018（3）：105-113.

⑦ 黄速建，肖红军，王欣. 论国有企业高质量发展［J］. 中国工业经济，2018（10）：19-41.

以及塑造卓越的企业持续成长和持续价值创造素质能力的目标状态或发展范式。

（二）民营企业高质量发展的制度体系

民营企业属于民营经济的范畴，因此其高质量发展需要民营经济的配套制度支撑，而与民营经济相关的制度在改革开放之后逐步完善，从最初的单项、具体政策发展至今已形成了较为成熟的体系，包括正式制度、非正式制度和实施机制等。民营企业的高质量发展需要健全有效的制度体系。

（1）完善有效的正式制度

从国民经济发展的宏观视角看，民营企业作为我国改革开放后才复兴的新经济体，其合法身份需要正式的制度保证，如政治制度、宪法、具体法律法规以及政策等一系列显性成文规则。在具体的规范内容上涉及民营企业的产权制度，国家对民营企业的财税制度，金融市场对民营企业信贷相关的金融制度，生产要素的配置制度，市场的准入、竞争、退出制度等。

在民营企业获得合法身份之后，具体的运营中最根本的是产权制度。因为产权是明晰企业权利的规则，是市场主体从事生产经营活动的基础，也是其他配套制度的基础。产权不仅仅指所有权，在市场经济的运行机制中，所有权可以分为占有权、使用权、收益权和支配权四项权利。与其他经济体制不同，市场经济需要权、责、利的高度统一，现代产权制度就是为了保障权、责、利高度统一的制度，基本特征是归属清晰、权责明确、保护严格、流转顺畅。因为所有权的分离，占有权和收益权可以为不同主体所有，因此需要清晰的归属界定，在此基础上才能明确权、责并进行相应的保护，才能实现生产要素的自由顺畅流转。

我国民营企业虽然在改革开放之后就开始了复兴，但是直到1988年才获得合法身份，此前因为各种原因造成的挂靠现象普遍存在，造成出资人与所有人并不一致，后来经过改革得到了一定程度的处置，但部分企业依然存在产权不清等遗留问题。随着公有制企业改制的推进，混合经济等新现象的不断出现和发展，对于微观的企业而言，在不断的裂变和重组过程中，产权的细分和归属成为困扰企业发展的一大难题。

产权不清导致的权、责、利不统一，严重干扰了企业的发展和市场活力。在厘清这些问题的过程中，要充分考虑出资人的利益，要尊重历史，尽可能搞清产权的原始形成过程并据此决定其归属；实在搞不清楚的，要从有利于现有产权功能最大化发挥的角度明确归属关系。直到2016年，出台了《中共中央 国务院关于完善产权保护制度依法保护产权的意见》，提出“产权制度是社会主义市场经济的基石，保护产权是坚持社会主义基本经济制度的必然要求”①，用于指导我国市场经济的产权制度建设。在厘清产权制度的同时，民营企业需要与之相适应的现代化、市场化、法治化的制度环境，以实现高质量发展。

民营企业与国有企业一样，在国民经济由富向强的发展过程中，需要转换发展方式。当前，我国经济发展已经从要素驱动转向创新驱动，民营企业也要跟上这一趋势，走上以创新为动力的高质量发展之路。因此，在市场经济的一般制度体系建设之外，需要出台相应的引导性制度，以推动民营企业走上创新发展之路。通过持续创新，不断提高企业全要素生产率，增强企业竞争力，提高产品服务质量和经济效率，为民营企业高质量发展提供源源不竭的动力。可见，有利于创新的体制机制是我国民营企业实现高质量发展的关键制度。

（2）非正式制度

与正式制度不同，非正式制度是指不成文的制度，通常是隐性的，以信念、认知、思想、道德观念、文化传统、风俗习惯等形式存在。如果将制度体系比作冰山的话，正式制度如同水面上的可见部分，非正式制度则是水下的大部分不可见冰山，发挥着更为关键和主要的作用。因为这些非正式的制度的形成是长期的，其生命力和影响力是无处不在的，“在日常生活中，我们在与他人发生相互作用时，无论是在家庭、外部社会关系中，还是在商业活动中，控制结构差不多主要是由行为习惯、行为准则和习俗来确定的”。② 非正式制度对正式制度的形成有着基础性作

① 中共中央 国务院关于完善产权保护制度依法保护产权的意见[EB/OL].(2016-11-27)[2021-07-21].http://www.gov.cn/zhengce/2016-11/27/content_5138533.htm.

② 道格拉斯·C. 诺斯. 制度、制度变迁和经济绩效［M］. 上海：上海人民出版社，1994：491.

用，同时是正式制度发挥作用的必要条件和补充，对经济发展起着关键的作用。

对于民营企业而言，不断发展更新的理念、对社会发展趋势的认知、企业经营者的企业家精神，都是影响民营企业发展的重要因素。在社会发展的不同阶段，民营企业也要形成与社会发展相适应的发展理念、社会认知、思想习惯、文化观念等非正式制度，落后或者过于超前不利于企业发展。

（3）强而有力的实施机制

制度要发挥作用，落实到行动中，实现其初心，关键是实施机制，因此任何制度的出台都需要实施机制的配套保障，以明确这一制度的实施主体、实施手段、实施程序、监督评价等内容。因此，实施机制是否完善有效，是任何制度功能得以实现的前提条件和关键环节。在现实经济发展实践中，往往由于缺乏配套的、切实有效的实施机制，导致尽管出台了很多有利于经济和企业发展的制度，却形同虚设或者功能与效率被大打折扣，未发挥应有的功效，甚至造成负面影响与作用，增加或激化社会矛盾，违背制度设计与创新的初衷，或者成为某些人或团体“钻空子”的工具。因此，对民营企业而言，与制度配套且完善有效的实施机制是非常必要的，能够有助于民营企业发展的各项制度安排达到最优绩效，与民营企业高质量发展的方向相适应。

适应民营经济高质量发展要求的实施机制，至少需要包括素质高、水平高的实施主体，科学有效、运行良好的实施程序，综合配套的实施手段，切实有效的监督反馈机制，强有力的奖励惩处制度等内容，旨在促进产权平等保护、增强市场公平公正、完善要素市场化配置、激励创新创业、健全财税金融体制、培育企业家精神等，不断积极推进民营经济实现高质量发展。只有不断完善各项制度的实施机制，不断提升制度的执行水平和执行力度，有效制度的绩效才能得以充分体现，并有利于在全社会范围内，很快形成普遍崇尚制度、敬畏规则的制度文化。[①]

---

① 柳新元. 制度安排的实施机制与制度安排的绩效［J］. 经济评论，2002（4）：48-50.

（三）民营企业高质量发展的相关理论

1. 竞争优势理论

开创企业竞争战略理论的迈克尔·波特认为，企业的竞争环境受生产要素状况、企业发展战略和组织结构、其他竞争性企业、市场的需求状况、相关配套产业、政府政策乃至偶然事件等多重因素的影响。

从企业的视角看，生产要素的可获得性在企业的竞争中发挥着重要作用，但能否有效率地运用这些要素才是实现竞争优势最大化的关键。因为要素可分为基本要素和高级要素，基本要素是企业所必需的，使用广泛，在竞争中的作用就不那么关键；而高级要素就不是所有企业都具备的，因而对竞争优势的形成十分关键。企业发展的基本要素主要指自然资源、气候条件、产业布局、非技能劳动力和负债资本，这是区域内所有企业共同的环境，而高级要素主要指特殊人才和组织，如现代数字通信系统、受过高等教育的人才以及在高精尖学科领域具有领先地位的大学和研究机构。高级要素的社会需求相对较大且稀缺，需要持续投入人力和物力进行开发，获得也相对困难得多。此外，波特还按照要素的差异性将企业的生产要素分为通用要素和专用要素两种，通用要素包含高速公路、信贷资本和具有一定知识水平的人才；专用要素指少数特殊技能类的人才，与该产业和企业紧密相关的特殊用途的基础设施、特殊领域的知识和其他要素。相比于通用要素，专用要素能对其竞争优势提供更具决定性、持续性的支持。总的来看，高级要素、专用要素的可获得程度和要素质量对企业竞争的优势、潜力和升级发展有着至关重要的作用。与此同时，要素优势是动态性的，并非一成不变，需要不断投资维护，否则专用要素也会转变为通用要素。要素之间也需要紧密联合，相互协调，不然难以发挥其应有成效。

迈克尔·波特还在他的“波特菱形理论”中分析了政府这一因素。在他看来，政府与其他关键要素之间的关系难以用正面或负面来定性，政府始终发挥着重要作用，它影响着国家竞争优势的创造和保持，政府分配的资金、补贴以及教育等都会影响到生产要素，但相应的政策也会产生或积极或消极的效果。因此，在政府发挥作用的同时，还需要其他关键要素的积极配合，以实现产业的持续发展。在具有关键要素的产业上，政府的政策可以加强提升产业优势，但就国家竞争优势而言，政府只能通过相应观念性的政策对国家竞争优势产生一定影响，并不能控制和决定它的发展趋势。

2. 企业能力理论

企业能力理论是当前主流的现代企业理论，认为企业的本质是通过权威来配置资源从而实现节约交易费用这一目标的特殊组织。这一理论可以追溯到 18 世纪亚当·斯密的企业分工理论，而 20 世纪 20 年代马歇尔的企业内部成长论可以说是该理论的雏形，企业内部成长论指出企业内部各职能部门之间、企业之间、产业之间存在着“差异分工”，这种分工与其各自的知识与技能相关，这种知识与技能就可以看作企业的能力。在这个基础上人们对企业的认识更加深化，潘罗斯、理查德森等研究学者开始反思一些问题：企业仅依靠节约交易费用就能生存和发展吗？企业存在的最终目的是什么？在马歇尔企业内部成长理论的基础上，潘罗斯和理查德森分别进行了深入研究。潘罗斯认为决定企业存在和发展的内部因素主要在于管理力量，基于内部资源的企业成长的主要动力是知识的增加，颠覆了新古典经济学将企业视为被动、同质的判断，为后续研究提供了丰富的思想渊源。理查德森在此基础上提出了企业持续竞争优势理论，关注的是企业间的竞争关系及这种竞争能否导致企业优势的消失等问题。

继潘罗斯和理查德森之后，很多学者将研究视角转向企业的内部知识和能力的积累，开始研究企业的成长和竞争行为，在此基础上不断发展完善了企业能力理论，包括了企业资源基础理论、核心能力理论以及知识基础理论等，这些理论有一个共同的核心：企业成长的内在条件是获取持续竞争优势的基础。

第一，资源基础理论。该理论认为有形资源和无形资源是构成企业内部资源的两大部分，内部资源对企业竞争优势有着重要的作用，其特殊性导致了竞争优势的差异。

第二，核心能力理论。1990 年，普拉哈拉德和哈默尔提出企业核心竞争力理论,① 其核心思想是：在本质上，企业之所以能够生存和经营，是因其具备相应的能力；长期来看，企业竞争优势由积累、保持和运用能力开拓市场来决定；企业所拥有的能力差异决定了它的经营范围的不同，特别是对多元化经营的广度及深度的影响。企业的核心能力是经过较长时期形成的，可以为顾客提供特殊的价值，有助于其守住市场份额并开拓新的商机。

第三，知识基础理论。该理论认为企业是一个知识处理系统，企业核心能力的来源是企业内的隐性知识；企业内的知识以人为载体，通过各种手段如文本、技术系统、言传身教等来实现部分和完全共享，通过知识整合和创造，产生能带来经济价值的新知识。新古典经济学假设企业追求利润最大化仅是一种理论抽象，并没有现实的指导意义②。在知识不完全性假设下，特定知识积累过程中企业之间的模仿和创新是提高资源配置效率的根本途径。在此基础上，纳尔逊和温特建立了解释企业行为的演化理论，强调企业在变动的市场环境中如何行动是解释经济变迁的基础，企业的知识基础一定程度上决定了企业竞争的结果。

特殊资源和核心能力的积累关系着企业的竞争优势，但是如果缺少对外部环境的分析，将市场需求视为相对静态的、给定的因素，忽略其动态特征；或仅强调分析现有资源和能力，忽视新资源的创造，这种分析是不完备的。针对于此，后续研究认为企业成功发展的关键在于对外部环境变化的反应能力，即企业动态能力，这是企业获得持续竞争优势的源泉。动态能力强调不断变化的市场和新知识的积累这两个方面的内容，就其本质而言，这种能力主要是企业面对市场环境不断变动累积下的新知识的获得和掌握。

企业所具有的强劲发展能力作为其高质量发展的丰富内涵之一，是企业持续增长和持续创造价值的基石。在构建企业高质量发展测度指标体系、选取指标时，企业能力理论具有很强的指导性。

---

① PRAHALAD C K, GARY H. The core competence of the corporation [J]. Harvard business review, 1990 (66): 79-90.

② ALCHIAN A A. Uncertainty, evolution, and economic theory [J]. The journal of political economy, 1950, 58 (3): 211-221.

第三节　民营企业的经济地位与作用

改革开放初期，有人担心民营企业的发展会影响公有经济的主体地位，甚至动摇社会主义制度的根本。但是，多年以来的实践证明，民营企业的发展不仅没有动摇社会主义的经济基础，反而促进公有制经济的发展和完善，推动有中国特色的社会主义事业的发展。当前，我国经济发展处于由富向强发展的关键期。在这个重要的转型时期，进一步释放民营企业发展的活力，不仅有利于缓解当前的经济发展压力，实现国民经济平稳较快发展，而且有助于中国特色社会主义市场经济体制的不断完善。

（一）民营企业是推动经济增长的重要力量

改革开放 40 多年来，民营企业凭借敏锐的市场反应能力，灵活的创新机制和市场适应能力，已经成为我国最具活力的市场主体，对国民经济的发展有着重要的作用。2008 年全球经济的发展受到了金融危机的重大冲击，至今世界各国仍未走出其影响，甚至引起了全球的经济贸易保护主义盛行，2019 年底爆发的全球新型冠状病毒肺炎疫情给全球经济雪上加霜。我国经济发展下行压力不断加大，根据国家统计局年度国民经济和社会发展统计数据来看，我国 GDP 增速不断下降，2010 年 10. 6%，2015 年 6. 9%，2020 年 2. 3%，尽管有疫情等一系列客观因素的影响，但经济发展面临较大压力却也是事实。全球受到金融危机的持续影响、全球新型冠状病毒肺炎的大流行、西方国家经济贸易保护主义等造成的世界经济复苏困难、国内经济发展“三期叠加”等不利因素影响，民营企业仍保持持续稳定的发展趋势，为我国经济实现稳定增长做出了重要贡献，促增长、保稳定、调结构、转方式、促创新是当前和未来一个时期内经济社会发展面临的主要任务，而民营企业在其中发挥着越来越重要的作用。

新中国成立之初，很快在全国范围内展开了社会主义改造，到 1956 年社会主义改造基本完成之后，个体农业、手工业和私营资本主义工商业基本被消除，确立了全面的公有制计划经济体制。据统计，改革开放前全国个体经营者仅剩下14万人。改革开放开启了我国民营企业复兴之路。1988年民营经济获得合法地位，1989年注册民营企业就达到9.05万户，民营企业呈现出持续快速增长的趋势。可以说，民营企业的持续快速发展为经济发展带来了新的活力，促进了经济的稳定发展，民营企业成为国民经济发展的重要力量，2018年全国实有民营企业共3143.26万户，较上年同期增长15.29%；注册资本总额为233.50万亿元，同比增长31.83%。全国新登记民营企业627.62万户，占全国新登记企业总量的93.67%。与2017年相比，2018年全国新登记民营企业数量增幅从上年同期的9.01%提高至10.12%。2018年新登记民营企业注册资本（金）数量有所增加，较上年同期增长35.91%。全国实有个体工商户7328.58万户，较上年同期增长11.39%。2018年新登记个体工商户1456.45万户，较上年同期增长12.92%。①

（二）民营企业是有效稳定的就业渠道

就业是民生之本。对于我们这样一个人口大国而言，改革开放后允许农村多样化经营和城镇允许个体工商户经营的初衷之一就是为了解决工农业析出人口的就业问题。随着改革开放的深入，农业析出了大量人口，国有企业改制也出现了大量的下岗转岗工人，高校毕业生年年增加，近些年更是达到了每年900多万的水平，因此，就业问题关系着国民经济的健康稳定发展以及社会的安定团结。

在改革开放40多年的历程中，民营企业的复兴，形成了大量的劳动力需求，创造了大量的就业岗位，不仅吸纳了大量农村剩余劳动力，也吸纳了大量的下岗转岗工人和高校毕业生，在改善就业结构、促进社会稳定中发挥了不可替代的作用。在全面推进深化改革的新时代，稳步推进混合所有制改革，民营企业成为转移国有企业下岗职工和社会剩余职工的重要渠道，为社会稳定和团结做出了更大贡献。截至2018年9月底，

① 高云龙. 中国民营经济发展报告 No. 16（2018—2019）［M］. 北京：中华工商联合出版社，2020.

全国实有市场主体 1.06 亿户，个体私营主体数量占全国市场主体数量的 95%。民营企业已成为吸纳社会就业的重要渠道，从业人员已经达到 3.6 亿人，提供了我国 80% 以上的城镇就业岗位和 90% 以上的新增就业岗位。①

统计数据充分表明，民营企业已成为我国社会主义初级阶段就业的主要渠道和新的增长点。近年来，我国经济增速持续放缓，新增就业人数持续增加，就业形势异常艰难，2021 年全国就业总量压力不减，需要安排就业的城镇新增长劳动力仍然在 1500 万人左右的高位，高校毕业生 909 万人，达到新高，这种趋势在一段时间内将会持续。因此，在当前形势下，促进民营企业健康持续发展，对于缓解就业压力、拓宽就业渠道、维护社会稳定非常有益。

（三）民营企业是税收的重要来源

税收是国家财政收入的主要来源。改革开放以来，民营企业纳税率不断提高，已成为国家税收的重要来源，对国家财政收入贡献显著。近年来，受全球金融危机、国内经济新常态，以及突如其来的新冠肺炎疫情的影响，民营企业增速放缓，亏损和倒闭的企业增多。为减轻企业负担，国家出台了一系列税收优惠和免税政策，民营企业的税收虽然有所变化，但总体上呈上升趋势。事实上，民营企业在税收收入中的地位并未下降，仍然是国家税收的重要来源和增税的重要力量。在全国不少地方，民营经济税收已经占到地方财政收入的 70%~80%，甚至更高。从国家税务总局服务管理的年纳税额 3 亿元以上的 1062 户大企业集团情况看，其中的 312 家民营企业 2016 年税收收入、营业收入分别同比增长 9.1% 和 12.5%。从全国纳税 500 强企业看，其中有 42 户民营企业，2016 年缴纳税款、营业收入和净利润分别增长 24.4%，38.7% 和 44.4%。②

---

① 给民营企业发展创造充足市场空间：访国家市场监督管理总局局长张茅[EB/OL].(2018-11-06)[2021-03-15].http://www.ipraction.gov.cn/article/gzdt/ywdt/202004/305755.html.

② 庄聪生. 民营经济书写时代华章[EB/OL].(2018-11-26)[2021-03-15].http://theory.people.com.cn/n1/2018/1126/c40531-30420665.html.

（四）民营企业是完善市场经济的重要基础

企业是市场经济的微观主体，市场在资源配置中的决定性作用是市场经济的核心。民营企业与市场经济有着天然的联系，其生产经营以市场需求为中心，在市场的竞争、合作中实现优胜劣汰。市场经济客观上要求市场主体必须是独立经营、自负盈亏，而民营企业从诞生之日起就有此要求。民营企业的发展改变了我国单一的投资主体格局，打破了公有经济一统天下的局面，激发了社会主义市场经济的活力，促使国有企业转变观念，适应市场需求，提高企业效率，完善治理结构，增强核心竞争力，以便在激烈的市场竞争中得以生存和发展。在民营经济比较发达的地区，如广东、浙江、江苏等地，市场机制比较完备，区域经济也比较发达。

民营企业是完善市场经济体制的重要推动力量，其存在和发展促进了投资主体的多元化和市场经济体制的完善。近年来，民营企业在促进市场繁荣、增加投资方面发挥了重要的、不可替代的作用。国家统计局数据显示，截至2017年底，我国个体、私营经济实现城镇固定资产投资215278.93亿元，占全国城镇固定资产投资比重的33.6%，与2016年相比增加了15954.43亿元，同比增长8.0%，其中，私营企业完成203474.93亿元，占全部固定资产投资比重的31.73%，个体工商户完成11804.00亿元，占全部固定资产投资比重的1.84%。[①]

（五）民营企业是推动科技创新的重要主体

随着经济的快速发展，国内市场结构发生了显著变化，从改革开放初期的卖方市场逐渐转变为当前的买方市场。市场逐渐饱和，竞争日趋激烈。各类市场主体要想在激烈的市场竞争中生存下来，立于不败之地，就必须通过不断的创新寻求出路。否则，只会被市场排斥。自负盈亏的生存理念鼓励民营企业不断加大对技术研发和创新的投入，为自身的生

① 中华人民共和国国家统计局. 按登记注册类型分城镇固定资产投资[EB/OL].(2017-05-01)[2021-03-15].http://data.stats.gov.cn/easyquery.htm? cn=C01&zb=A0501&sj=2017.

存和发展寻找空间。21 世纪以来，民营企业在创新中发挥了更加重要的作用。“目前我国 65%左右的发明专利、70%左右的技术创新和 80%以上的新产品都是由民营经济创造的。深化供给侧结构性改革，加强创新型国家建设，民营企业都是积极的参与成员。民营企业机制灵活、效率高、创新性强，在新产业、新模式、新业态培育发展进程中大有可为。”①

科技创新的前提是投入，投入的关键是人才。民营企业具有明确的产权归属和完全的自主决策的特点，拥有完整的自主权，在人才的招聘、管理和培养方面具有最大的灵活性。随着经济全球化和新一轮科技革命、产业变革的发展，民营企业越来越意识到人才和创新的重要性，只有通过持续的科技创新，最大限度地发挥人才的创新潜力，才能获得持续的竞争优势。民营企业致力于营造尊重人才、尊重创新的企业文化，建立完善的激励机制，吸引越来越多的优秀人才，成为新时代我国人力资源开发的重要平台。可以预见，民营企业的进一步发展有助于更新传统人才观念，完善人才创新机制。

改革开放 40 多年的实践表明，民营企业对我国国民经济和社会生活有着巨大的积极影响，是社会主义现代化建设不可或缺的重要力量。党的十八届三中全会上提出的“积极发展混合所有制经济”，不仅意味着民营企业不会被取消，更意味着民营企业将有更多的发展机会。② 在当前和今后一个时期，促进民营企业健康持续发展，是实现我国经济社会发展和“两个一百年”奋斗目标的必选项。

第四节 我国民营企业发展的动力及其特征

改革开放以来，民营企业已逐渐成为我国经济的重要组成部分，但是其成长和发展过程并不顺利，受到诸多因素的制约。因此，有必要全面分析民营企业的动力机制，明确促进民营企业发展的各种动力因素，

---

① 庄聪生. 民营经济书写时代华章[EB/OL].(2018-11-26)[2021-03-15].http://theory.people.com.cn/n1/2018/1126/c40531-30420665.html.

② 季晓南. 论混合所有制经济的内涵、意义及发展路径 [J]. 北京交通大学学报（社会科学版），2019（4）：8-26.

发现民营企业发展的规律。

我国民营企业的发展始于改革开放后国家出台的新经济政策，其成长伴随着中国经济体制改革的步伐。1978—1981 年，为解决城镇失业人口和回城青年的就业问题，国家为个体经济发展松绑，并出台相关支持政策，个体经济得以快速恢复发展。① 这一过程的政策要素发挥了关键作用。Sylvie Démurger 等学者②的研究认为，我国经济的发展不仅受到政策的影响，而且地理环境和制度质量也发挥了重要作用。T. FRYE 和 A. SHLEIFER③ 在他们的研究中将 20 世纪 90 年代的波兰和俄罗斯进行对比，尽管两国实施了极为相似的改革措施，但结果却相去很远。相关的研究结果可以发现，除了政策制度因素以外，与土地、资本、人力、创新等相关的制度因素都是民营企业发展壮大的动力因素。

（一）土地制度

土地是四大生产要素之一，“土地是一切生产和一切生存的源泉”，④ 是最重要的生产资料。此处的土地是广义的，既包括普通的耕地和建设用地，也包括森林、矿产、水面、天空，以及各种未被开发的自然资源。与其他经济资源和生产要素相比，土地是最难增加的，具有更为明显的稀缺性。很明显，如果缺少一定的土地资源作为支撑，其他工商活动将无法进行；如果出现短缺，也会严重阻碍经济的发展。对于我国而言，地方政府在经济利益的驱动下，工业化走上了资源依赖之路。改革开放以来，土地解放的基础主要是家庭联产承包责任制、土地审批制度和土地拍卖制度，直接关系到民营企业的发展。

① 刘怀山. 中国民营经济发展模式的制度经济学分析［D］. 西安：西北大学，2009.

② Sylvie Démurger，等. 地理位置与优惠政策对中国地区经济发展的相关贡献［J］. 经济研究，2002（9）：14-23.

③ FRYE T，SHLEIFER A. The invisible hand and the grabbing hand［J］. American economic review，1997，87（2）：354-358.

④ 马克思，恩格斯. 马克思恩格斯选集：第 2 卷［M］. 中共中央马克思恩格斯列宁斯大林著作编译局，编译. 北京：人民出版社，1972：109.

（1）家庭联产承包责任制

社会主义改造完成之后，我国土地制度实行的是城市土地属于全民所有，农村土地属于集体所有。改革开放前，农业生产以生产队和集体农业为主，实践中这种制度安排违反了农业生产的一般规律，忽视了农业发展的实际情况和农民的积极性，造成了农业劳动生产率低下和粮食供应紧张的现实困难，也增加了工业生产的压力。中国农村市场化导向的三项改革：家庭联产承包责任制、提高农产品官方价格和农产品开放，为农村的工业发展提供了必要条件。家庭联产承包责任制的实质是一种实行以家庭为单位的生产经营的制度，这种生产方式的前提是土地等重要自然资源和灌溉设施仍为公有，将土地所有权与经营权分开，其中土地所有权属于集体，经营权属于农户。每个农户都要与集体签订协议，按照协议承包一定的生产任务和缴纳一定的农业生产成果和农业税（2006 年 1 月 1 日全面取消了农业税），剩下的生产成果全部归农户。在此土地政策下，农户的生产积极性立即被调动起来，土地资源的利用率和经济效益也得到了提高。这样，从农业领域节省下来的资源，包括土地和劳动力，都可以投入到其他生产领域，为发展二、三产业提供了必要的基础。农村剩余劳动力从农业生产中解放出来，有的离土不离乡，投入乡镇企业，有的离土又离乡，进入各地的民营企业。农业剩余劳动力资源的低成本优势转化为我国民营企业的相对优势，发展劳动密集型产业曾经是我国民营企业的最佳选择，也创造了中国的奇迹。① 改革开放以来，我国农民工从 1978 年末的 200 万人，飙增到 1989 年的 3000 万人，截至 2017 年，我国农民工总量达 2.8 亿人。② 同时，农业劳动生产率的提高带来了农业剩余（包括劳动力和农产品），并促成了农村民营经济的出现，在政策允许的范围内，农村的民营经济开始发展。

（2）土地审批制度

在土地制度中，直接影响民营企业的是土地审批制度，有关土地审批的法律条款主要体现在《中华人民共和国城市房地产管理法》和《中华人民共和国土地管理法》中，规定了建设用地的使用权和划拨土地的

---

① 胡尹燕. 中国农村土地制度变革的历史回顾与创新思考［J］. 国土经济，2003（7）：11-14.

② 川粤农民工调查：记录几十年中国农民工群体时代变迁［N］. 四川日报，2019-02-11.

审批权。[①] 土地审批制度对民营企业发展的支撑作用可以表现在很多方面，如在城市开发科技园区为民营企业扩大生产提供空间，允许民营企业进入矿产领域等。放松土地审批限制，也就是放松了土地要素的制约，将有助于民营企业拓展生存和发展空间。比如民营矿业领域，新中国成立后经过社会主义改造，1956 年后民营矿业基本消失；1978 年到 1986 年间，因为没有严格的立法，民营矿业发展混乱而迅速；1986 年到 1996 年，《中华人民共和国矿产资源法》（以下简称《矿产资源法》）的颁布实施为民营矿业企业合法生存提供了机遇，但采矿权审批仍掌握在行政主管部门手中，非法开采较为普遍；1996 年之后，修订后的《矿产资源法》将矿业权的财产权和商业产权分开，除了审批以外，民营矿业企业可以通过市场化的方式获得采矿权。

（3）土地拍卖制度

2002 年国土资源部发布《国有土地使用权招标拍卖挂牌出让办法》（国土资源部第 11 号令），全面确立了经营性土地使用权招标拍卖挂牌出让制度，第一次明确了经营性用地必须实行招拍挂出让，第一次对招拍挂出让的原则、范围、程序、法律责任进行了系统规定，确立了市场配置土地资源的制度，但工业用地未纳入招标拍卖挂牌范围。[②] 2006 年 12 月 27 日，国土资源部出台《全国工业用地出让最低价标准》，明确规定工业用地必须采用招标拍卖挂牌方式出让，其出让底价和成交价格均不得低于所在地土地等别相对应的最低价标准，全国工业用地划分为 15 个等级，最低地价标准每平方米在 60~840 元，各地工业用地的出让价格在较大程度上都有所提高，[③] 对民营工业企业的发展产生了一定的影响。[④] 2007 年国土资源部发布《招标拍卖挂牌出让国有建设用地使用权规定》（国土资源部第 39 号令），在《中华人民共和国物权法》（以下简称《物

① 丁红颖. 试论如何加强国有土地资产管理 [J]. 沈阳农业大学学报（社会科学版），1999 (2)：117-120.

② 国土资源部. 招标拍卖挂牌出让国有建设用地使用权规定（部 39 号令）详解[EB/OL]. (2007-12-12)[2021-03-15].http://www.mnr.gov.cn/gk/zcjd/200712/t20071212_2364694.html.

③ 国土资源部解读《全国工业用地出让最低价标准》[EB/OL].(2006-12-27)[2021-03-15].http://www.gov.cn/jrzg/2006-12/27/content_481352.htm.

④ 刘仲刚，李满春. 中国工业用地出让制度变革前后的博弈行为分析 [J]. 经济论坛，2008 (21)：69-71.

权法》）的基础上对2002年国土资源部发布的第11号令进行了修订，其中明确规定工业用地招标拍卖挂牌出让制度。初步形成我国的工业用地市场制度，有利于市场机制的发挥，有力推动了我国工业空间布局的平衡。

家庭联产承包责任制解放的农业劳动力，满足了民营企业发展劳动密集型产业的用工需求，低人力成本是中国民营企业发展初期最突出的比较优势之一。土地审批和拍卖制度也促进了民营企业的发展，拓展了民营企业的发展空间，尽管并不是专门为民营企业的发展而设计的，却成为民营企业发展的主要动力之一。

（二）金融制度

作为资本的一种存在形式，金融资本是指以货币形式存在的资本。金融资本是我国当前经济增长过程中非常稀缺的生产资源，一切社会化生产都离不开它。实践证明，金融资本是促进区域经济增长的积极因素，扩大金融资本规模可以带动区域经济增长。民营企业在我国的发展之路，其实一直受困于资本的支持不足。因此，改革现行金融体制，在一定程度上放开金融资本对民营企业的支持，可以为民营企业发展注入资本动力。

（1）民间资本

民间资本是诞生于民间、未纳入正式金融体系的资本，主要以民间借贷的形式满足民营企业的资金需求，是我国民营企业发展早期的主要筹资渠道。发展民间金融业，搭建产业资本与金融资本相结合的互动平台，将丰裕的民间资本与民营企业巨大的资金需求缺口对接起来，有效提高了社会储蓄资金向生产资本转换的效率。从广义上讲，民间金融包含了各种形式的民间借贷，是指不通过公共金融机构进行的一切金融活动，通常包括社会集资、一般居民之间的借贷、民间典当行、农村合作基金会等融资活动。① 作为一种非正式的金融体系安排，在我国金融体系不发达、正规金融机构缺乏足够的金融资本为民营企业的发展服务的情

① 刘怀山. 中国民营经济发展模式的制度经济学分析［D］. 西安：西北大学，2009.

况下，在一定程度上满足了民营企业对金融资本的需求，推动民营企业发展。

民间金融业不仅增加了民间资本参与经济活动的机会，而且使民间资本有机会与国有资本、技术、土地、人才等生产要素相结合，提高生产要素的利用效率。经过多年的发展，民间借贷在城乡经济社会发展过程中发挥着越来越重要的作用，规模越来越大，参与主体也越来越多样化，并已成为民营企业筹集资金的主要方式之一。①

（2）资本市场

随着社会主义市场经济体制的逐步建立和金融体制改革的不断推进，我国的资本市场逐步建立，形成了深交所、上交所、北交所三家证券交易所，以及近年来为促进民营科技企业发展而建立的创业板。我国股票市场的逐步扩大和完善，使资本市场成为民营企业直接融资的主要渠道。资本运作具有推动民营企业做大做强的潜力。政府根据民营企业的未来发展，鼓励它们或者直接上市，或者借壳上市，或者捆绑上市，甚至到海外去上市融资。在政策范围内，在政府的鼓励和支持下，许多发展前景和业绩良好的民营企业，通过资本运作，成功获得了扩大发展所需的资金。

（3）创新基金

国务院 1999 年批准设立了科技型中小企业技术创新基金（以下简称创新基金）。② 随着创新基金的成立，各方深入贯彻落实创新驱动发展战略，按照加快发展方式转变和经济结构调整的总体部署，紧紧围绕加快培育战略性新兴产业，不断加强稳固企业的技术创新主体，以全面提升科技型中小企业技术创新能力为目标，不断优化技术创新创业环境，加强财政资金的正确引导，引导社会资金和其他创新资源支持科技型中小企业发展，产生了显著效果。创新基金由科技部主管、财政部监管，通过无偿资助、贷款贴息和资本金投入三种方式，支持科技型中小企业创新创业，已形成了资助种子期、初创期企业的技术创新项目，资助中小企业公共技术服务机构的补助资金项目和引导社会资本投向早期科技型

---

① 唐文琳，肖崎. 从民间借贷到民营银行：金融制度的创新［J］. 广西大学学报（哲学社会科学版），2004（2）：46-50.

② 朱彦. 科技型中小企业融资问题研究［D］. 绵阳：西南科技大学，2014.

中小企业的创业投资引导基金项目，支持中小科技企业快速成长，为实现产业扩张和进入资本市场铺平道路。截至 2017 年底，创新基金累计资助项目 61857 项，资助资金共计 462. 17 亿元。创新基金的设立为民营科技企业提供了良好的外部环境，带动了高新技术产业的快速增长，增强了民营科技企业的创新动力。《科技型中小企业技术创新基金 2013 年度报告》显示，通过创新基金的资助和创新基金项目的实施，项目承担企业的创新能力得到了较大的增强，50. 51%是大幅增强，40. 28%是显著增强，9. 07%是有所增强，合计达到 99. 86%；受资助企业的产品研发周期大幅缩短的占比 33. 55%，明显缩短的占比 49. 16%，有所缩短的占比 16. 96%，合计达 99. 67%，科技成果转化速度显著提升；获创新基金支持的企业在收入、上缴税收、总资产、出口创汇四个方面大幅提升，各相关指标全国平均增幅达到 60%~80%，取得了极为显著的效果，彰显了创新基金在促进企业成长、提升企业效益方面的重大作用。①

（4）风险投资

从投资行为的角度看，风险投资是专业人士和专业金融机构以股权融资的形式投资即将成立或处于项目开发阶段，同时具有很大增长潜力和失败风险的高科技领域，并参与企业管理，以在项目成功后转让股份并获得高额利润，是一种以高收益为目的的商业投资行为。风险投资是一种涉及风险分散和利润分享的制度安排，作为创业企业融资渠道，能够通过积极参与以及有效监督降低被投资企业的信息不对称，增加企业创新投入，从而缓解被投资企业由于创新投入增加带来的融资约束，在一定程度上，风险投资无疑促进了初创高科技企业的发展。②

（三）人力资本

从企业的角度看，人力资本主要指个人或劳动者自身所凝集的知识

---

① 中华人民共和国科学技术部. 科技型中小企业技术创新基金 2013 年度报告［M］. 北京：人民出版社，2013：31-35.

② 陈三可. 赵蓓. 研发投入、风险投资与企业融资约束：基于中国制造业上市企业的实证分析［J］. 管理评论，2019，31（10）：110-123.

水平以及技术力和身体健康素质的综合体现。[①] 人力资本与物力资本相对，对企业而言具有稀缺性、能动性和增值性，在企业发展中发挥着重要作用。随着民营企业的兴起，计划经济时期遗留下来的人事制度得到革新，建立了人力资源市场，解决了人力资源的流动问题。人才市场推动人力资源的流动，促进了产业结构的调整，使流动的劳动力和流动的生产要素及时有效地结合起来，形成新的产业部门。人才市场为民营企业提供了一个寻找优质人才的平台，从而能够更直接地与各类人才建立联系。因各种原因从国有企业退出的员工普遍具有较高的个人素质和一定的特殊工作技能，成为民营企业竞相争取的人才，一定程度上解决了民营企业人才短缺的问题。人力资本作为重要的生产要素加入民营企业的生产经营中，促进了我国民营企业的发展。

（四）科技创新

经济发展的实践证明，科技创新对经济发展具有重要促进作用。凯泽尔等[②]指出，创新是中小企业实现动态成长的最重要途径，新科技带动新兴产业的产生和发展，为民营企业的发展开辟广阔的空间。从产品价值来看，企业可以通过创新提供越来越有价值的个性化产品或服务，从而获得较高的市场份额和业绩；从产业结构演进看，传统产业因科技创新而发生变革，使得产业结构实现升级和转型；从转变发展方式来看，创新是企业生产从规模化、低效率向集中、高效率转变的一种方式。因此，创新是国家或区域经济发展的主要动力，科技创新对经济增长的贡献越来越大。

我国政府高度重视企业的科技创新，积极出台相应政策和营造适宜的社会环境，积极构建国家创新体系，强化企业在科技创新领域的主体地位，引导资金、人才、技术等向企业聚集。国家对科技创新的重视和推动，将对民营企业自主创新和技术进步产生积极影响。国家越强调科技创新，就越会出台相应的支持政策，也越有利于民营企业的科技创新

① 张燕. 人力资本对企业价值的影响及机理研究［D］. 太原：山西大学，2020.

② KEIZERA A，HALMAN J，SONG M. From experience：applying the risk diagnosing methodology［J］. The journal of product innovation management，2002（3）：213-232.

实践。国家积极支持科技成果转化，激发了科技工作者的创业动力。通过将知识要素纳入分配，许多技术人员将科技成果推向社会和市场，加快了科技成果转化为实际生产力的速度。国家从产业发展的角度建立了高新技术产业开发区，鼓励和支持高新技术产业化发展。入驻高新技术产业开发区的企业多为民营科技企业，相应的优惠政策和资源共享为民营企业发展提供了适宜的环境，有力推动了民营企业的创新水平。科技创新推动了民营企业特别是民营科技企业的快速发展，成为民营企业发展的动力之一。

（五）产权制度

产权制度是社会发展的主要驱动力之一，是经济所有制关系的法律形式，决定了社会组织如何生产和分配产品。“产权制度是自由市场的基石，产权的存在是产生成本、价格、生产、分工、交换、储蓄、投资等一系列经济行为的前提。”① 因此，规范、高效的现代产权制度被认为是现代经济发展的基础。产权具有两种表现形式——公有和私有。“在企业产权结构上，国有企业以公有产权为主，产权结构不清晰，企业的运作效率较低；民营企业以私有产权为主，产权结构清晰，企业的运作效率较高。”② 明晰的产权制度使民营企业比国有企业更有效率。刘小玄③曾经比较过国有企业和非国有企业的效率，从高到低分别是私营个体企业和“三资”企业、股份制和集体企业、国有制企业。从产权角度看，企业生产经营效率与产权的明晰程度相匹配，产权越清晰，生产经营效率越高。明晰的产权也意味着明确的权利和责任，而权利和责任的明确和稳定可以使资源的利用达到市场机制的要求。随着改革的深入，民营企业内部产权也越来越明晰，促进了民营企业的发展。从企业内部看，有效的激励机制和约束机制建立在明晰的产权关系基础上。民营企业拥有

① 卢现祥. 论产权制度、要素市场与高质量发展［J］. 经济纵横，2020（1）：65-73，2.

② 洪昊. 产权异质、产能失衡和货币政策非对称效应研究：兼论宏观政策组合应对结构性困境的效力［D］. 杭州：浙江工商大学，2018.

③ 刘小玄. 中国工业企业的所有制结构对效率差异的影响［J］. 经济研究，2000（2）：17-25.

高度自主的选择员工的权利和内部分配权，在引进、使用和储备人才上的主动性很强，在内部分配上可以基于员工的贡献区别对待，真正激发员工的积极性和创造力。

从以上分析可以看出，民营企业的发展是各种驱动力相互配合的结果。土地制度对民营企业的强大推动作用主要出现在民营企业发展初期，但土地制度对民营企业的作用一直存在。科学技术是第一生产力，科技创新对民营企业的发展起到了重要的推动作用，尤其是民营科技企业，能从根本上提高民营企业的发展质量。人力资源作为生产要素之一，在民营企业发展中发挥着重要作用，尤其是高层次人力资源。资本对民营企业发展的推动作用是长期的，金融资本对于民营企业是必不可少的。产权制度是民营经济发展的基本制度，民营企业决策程序简单、灵活、高效，明晰的产权关系将极大地促进民营企业的持续发展。

第三章　东北民营企业发展现状

不同区域的经济发展模式与当地深厚的社会背景相关，离不开历史积淀下来的文化传承和地域环境。东北地区由于历史、区位、资源、文化等原因，民营企业的发展和区域经济发展的初始条件具有鲜明的地域特征。

第一节　东北民营企业发展的基本条件

林毅夫、姚洋[①]把区域经济发展的初始条件定义为某个区域农村工业、国有工业的比重以及结构等基础条件。本书的研究对象为东北地区的民营企业，因此，初始条件除了农村工业、国有工业的比重以及结构以外，还将东北地区的区位和自然条件以及文化背景也纳入初始条件。

（一）区位与自然禀赋

从经济发展的角度看，东北地区的经济范围与自然地理区划和行政区划有所不同，并非完全重合。经济区划一般由经济中心、腹地和关联网络构成。现代区域经济发展以现代交通运输为纽带，以现代工业为支撑的专业化、商业化和社会化大规模生产的形成，共同构成现代化的经

① 林毅夫，姚洋. 东亚奇迹中的农村工业化［M］//约瑟夫·E. 斯蒂格利茨，沙希德·尤素福. 东亚奇迹的反思. 北京：中国人民大学出版社，2003：105-106.

济发展区域。中共中央提出了振兴东北老工业基地的重要战略是促进东北地区加快调整经济结构，推动产业、经济、社会协调发展的国家战略，对东北地区而言是难得的历史机遇，也面临着艰巨的挑战。

东北地区以东北平原为主，包括三江平原、松嫩平原和辽河平原，以黑土地为主，土壤肥沃、土层较深，土壤质量良好，耕地平坦集中，适用于机械化农业，据国家统计局数据显示，2019 年东北三省粮食产量共计 13811 万吨，占全国产量的 20.8%，是名副其实的国家粮食安全“压舱石”。在工业上，东北地区也具有明显的特点，具备开采价值的矿物种类很多，已探明的矿产有 84 种，其中 40 多种储量居全国前列，其中石油储量占全国已探明储量的一半，铁矿石储量占 1/4，石墨储量占六成，菱镁矿储量超过八成。此外，东北地区的中药材资源十分丰富，人参、鹿茸、刺五加、熊胆、细辛、林蛙油等资源十分丰富。① 从地理角度来看，东北三省与俄罗斯、日本、韩国和朝鲜相邻，国内与河北、内蒙古相接，位于东北亚相邻市场板块的连接处，地理位置优越，便于开拓东北亚和国内市场。

可见，东北地区在自然环境以及我国经济发展中均具有重要的战略地位。东北三省拥有 2920 千米的海岸线，7300 多千米的边境线，45 个国家一类港口，在对外经济合作中具有独特的资源优势和区位优势。同时，东北三省的大连、沈阳、长春和哈尔滨四个工业中心城市，逐步形成了以沈阳为中心的沿海经济区，以长春、吉林为中心的长吉图经济区，以哈尔滨、大庆和齐齐哈尔为中心的哈大齐工业经济带。无论是农业，还是工业，东北地区都是支持中国经济增长的关键地区。

改革开放以后，东北三省经济社会发展的惯性和历史基础，导致了工业乃至重工业依然是区域经济发展的重点，但是在发展方式和模式上，随着市场化改革得以升级和优化，逐渐形成了一定范围内的产业聚集，为形成产业城市群奠定了基础。

辽宁以工业见长，特别是重工业，在东北三省中排名第一，工业门类齐全，产业链完整，科技实力雄厚，在传统工业和新兴工业领域都有

---

① 高万里，赵悦. 浅谈东北三省区域经济特色与路径选择 [J]. 吉林农业科技学院学报，2012 (1)：38-42.

较强的实力，基于石油化工、冶金、机械、电子、自动化等行业形成了门类齐全的工业体系。辽宁沿海产业带形成的冶金和重型机械用钢产业链，包括大连长兴岛的装备制造业和造船业，产业链日益成熟和稳固。通过冶金与装备制造业等相关产业部门的整合与合作，形成了生产要素（如产品、资金技术信息和劳动力）的转移、运输和对接网络。这种完整产业链的形成，使得辽宁沿海经济带在对外开放方面具有区域比较优势，并促进了外向型经济的发展。中国（辽宁）自由贸易试验区面积 119.89 平方千米，覆盖三个地区：大连、沈阳和营口。大连地区的区域产业布局重点是港口和航运物流、金融贸易、先进设备制造、高科技、循环经济、航运服务等行业，是东北亚国际航运中心和国际物流配送中心，是东北亚开放合作的战略高地；沈阳地区重点发展先进制造业、装备制造业、汽车及零部件、航空设备以及现代服务业，如金融、技术和物流，国家工业化示范城市和东北地区科技创新中心的发展方向，使沈阳成为具有国际竞争力的先进设备制造基地；营口地区以商业和贸易物流等现代服务业为发展重点，跨境电子商务、金融、新一代信息技术和高端设备制造等战略性新兴产业的发展，以及区域国际物流中心的发展方向，使它专注于高端装备制造、高科技工业基础设施以及国际海事运输走廊等重要枢纽的建设。辽宁省正在寻求与东北亚的全面经济合作，建设连接亚欧的大型海陆空立体化交通运输体系，建立现代物流系统和国际配送中心。

吉林省经过 70 多年的风风雨雨，形成了汽车、石化、医药、电子、食品为支柱和优势的产业体系。省会长春是我国新兴的汽车工业的发源地，素有“汽车城”之称，享誉海内外，已经从早期的中型卡车生产发展到各种各样的卡车、公共汽车、轻型汽车、轿车等多种类型汽车产品研发和生产。石化工业以染料、化肥、电石、炼油和有机合成为主；制药业以东北中药材资源和化学合成医药资源开发中药和化学药品；电子工业可以生产 10 多个门类 400 多种电子产品，例如交换机、彩色电视机、电子测量仪器、半导体分立器件、发光器件、电容器、稀土永磁、液晶袖珍电脑和激光晶体；食品工业主要是指粮食和肉类的加工。

黑龙江省的产业体系以石油、森林、煤炭为主导。石油产业以大庆为中心，已经开发出许多具有较高技术含量、较大市场容量和优异经济效益的石化产品；森工产业主要以伊春和大兴安岭为主，是我国最重要的林业原材料供应基地；煤炭工业基地以鹤岗、双鸭山、鸡西和七台河为主，煤炭工业和以煤炭资源为基础的电力等能源产业发展迅速，在满足当地需求的同时，还调配到国内其他地区。

从东北三省工业发展的现实和趋势看，虽然在市场经济改革过程中取得了很大的进展，但长期积累的体制性、结构性矛盾日益显现，工业生产一度步履维艰，经济位次不断后移。针对东北振兴中存在的问题和全面振兴所需要的政策措施等问题，专家学者进行了多年的充分研究，提出了许多积极有效的建议。2015 年，习近平总书记在两会期间提出了东北老工业基地振兴发展，不能再唱工业“一柱擎天”、结构单一的“二人转”，要做好“加减乘除”，通过创新实现优化升级、脱胎换骨，进行深入改革创新，进行积极的战略调整以适应经济新常态。2018 年，习近平总书记在东北考察期间，为东北振兴开出了六个“药方”，其中之一是“以培育壮大新动能为重点，激发创新驱动内生动力”。

（二）体制基础

新中国成立以来，我国行政力量在国家社会经济建设中居于主导地位，行政权力背后的行政壁垒会给共同市场的建立造成严重制约。目前，受行政区划的影响，东北地区的共同市场并未建立起来。东北地区既有国际边界——与俄罗斯、蒙古、朝鲜之间的边界，也有国内的省界——辽吉黑之间以及与内蒙古、河北之间，还有三省内部的市县区划，行政区划与经济区划之间并不一致，关系复杂且政策不统一，协调难度大。以行政区划来管理经济，职能的差异会造成二者之间的矛盾，行政权力往往会干扰统一市场的形成，因为某些政策的跨区域溢出效应不符合行政区划的利益，从而会影响资源的合理配置，并导致区域基础设施等项目建设，不能得到有效的协调而进展缓慢。

在东北地区经济发展的潮流中，市场化机制逐渐确立，区域经济合作和不同行政区划之间的经济交流加速，行政壁垒的消除速度落后于经济发展的需要，在某些时候甚至出现激烈的矛盾。当然，经济交流的频繁客观上有助于行政壁垒的破除，上级政府的宏观调控也是主动消除行政壁垒的重要方式，仅凭市场力量也不易解决。

珠三角地区，在行政区划上完全属于广东省，在省内易于解决因行政区划造成的行政壁垒，因此其产业布局较为合理。与珠三角不同，东北三省分属不同的省级行政区划，在现行的体制下，各省对地方利益的考虑不可能完全排除，打破行政区划构建统一的市场更为困难。

东北地区的很多产业都由国有企业控制，民营企业的生存空间受到严重的挤压，难以发展，也就不能在经济发展中发挥生力军的作用。在这种情况下，政府必然还是倾向于支持大中型国有企业，而对于民营企业来说，政府的支持相对薄弱，不能提供有效的制度和政策供给。东北地区的民营企业无法像东部沿海地区那样有良好的体制支持。在政策方面，在2003年政府提出振兴东北老工业基地发展战略之前，基本没有出台任何支持东北地区发展的政策和资金扶持。东北地区在产权、资本、技术、人力资源等生产要素方面仍具有较强的计划经济特征。由于市场化程度低，直接制约了东北地区民营企业的发展。①

（三）区域产业结构

东北地区产业发展面临的主要问题是严重的同质化，产业和产品均是同构化的，不论是第一产业，还是第二、第三产业，尤其以第二产业表现最为明显，且有不断加剧的倾向。在第二产业中，以制造业为主。在20世纪，国家建设依赖于东北地区的支持，同构化的产业和产品在支持全国建设的过程中发挥了重要作用，且并未表现出明显的竞争。进入21世纪以来，国家经济建设的发展对东北地区的依赖程度降低，而东北地区并未及时实现市场化改革和转型升级，各地方政府为保护地方利益，防止税收来源外流，以行政手段介入招商引资，干预要素的自由流动，甚至人为制造壁垒，引发地方政府和产业间的不良竞争，经济发展和效益并未得到真正的发展。

因为历史的原因，当前东北地区在制造业上的竞争尤为明显，而服

① 潘石，王文汇．东北老工业基地私营经济加快发展的路径选择［J］．东北师大学报（哲学社会科学版），2009（3）：135-139．

务业的发展也以服务制造业为主，且滞后于工业化的需要。与国内其他地区相比，东北不同区域之间产业结构上的趋同度很高。当前，东北各个主要城市都在进行产业转型升级，但通过各发展规划可以发现，城市间的产业调整方向也严重趋同。在原初产业结构中处于关键位置的几个行业，例如黑色金属冶炼和轧制行业、化纤制造、石油加工和炼焦行业，在大多数城市中都保持着很大的份额，依然被当作主要的支柱产业。对于新兴的信息技术产业和其他高新技术产业，很多城市都提出要大力发展，培育成新的支柱产业，实现产业转型升级，但在三个省的狭小范围内，如果不能实现差异化发展，产业间的协同度不可能很高，也不能形成产业链和集群式发展。产业结构的趋同使每个地区都无法发挥其比较优势，分散的投资和生产无法实现规模经济，给东北地区的进一步发展也带来了现实的危害。近些年来，为了抓住制造业转移的机遇，东北各地将原本有优势的产业以及潜力较大的产业都列为地方的主导产业和支柱产业，形成产业的聚集，谋求未来的大发展，希望能成为世界制造业的重要基地，区域发展趋势明显。

过度的同构对东北地区的产业发展具有重大的负面影响。产业互补性薄弱，难以发展区域间产业合作，难以形成区域整体产业优势，不仅减少了城市之间产业对接的机会，就连一些低水平的传统类型的产业的合作也难以实现。产业结构的畸形与市场体制滞后的矛盾，最终将导致国有企业在东北地区国民经济中的长期主导地位，市场机制难以发挥有效作用，限制了民营经济的快速增长，对于民营企业的高质量发展更为不利。

第二节　东北民营企业的发展现状与特征

市场经济的不断深入带动了东北民营企业的发展，所从事的领域不断拓宽，产业档次不断提升，除了传统的工业、建筑业、交通运输业以外，民间金融、科技研究、信息咨询等新兴服务业和高新技术行业也是民营企业的重点领域；业务规模持续增长，产品种类和质量逐步提升，不少产品具备进入国际市场的能力；员工构成逐步升级，文化素质显著提升，促进了企业高质量发展。以民营企业为代表的民营经济已成为当前东北地区经济发展中最具活力的部分，占有极其重要的地位。

在一系列扶持措施的综合作用下，东北地区民营企业发展取得了令人振奋的成绩。据辽宁省市场监管局发布的《全省私营企业数据分析报告（2020）》显示，截至2019年12月31日，辽宁省私营企业数量达到883852户，占全省企业总量的88.13%；其中公司制企业757688户，占私营企业总量的85.73%，占全省公司制企业总量的89.68%；第一产业28772户、占比3.26%，第二产业172315户、占比19.49%，第三产业682765户、占比77.25%，其中现代服务业28.64万户，占比32.41%，占第三产业私营企业比重为41.95%；私营企业从业人员为372.9万人。[①]据辽宁省统计局数据显示，2020年辽宁省规模以上工业企业中，私营企业实现利润总额415.0亿元，增长6.4%。[②]《辽宁省2020年政府工作报告》显示，规模以上工业私营企业增加值增长23.7%左右，民间投资增长4.2%左右，占固定资产投资比重为65.6%。新登记市场主体增长5.9%，“个转企”1.2万户、“小升规”1200户、“规升巨”150户。11家企业入围中国民营企业500强，民营经济活力迸发。[③] 2019年，吉林省民营经济实现主营业务收入2.7万亿元，上交税金近800亿元，民营经济增加值占全省GDP的比重稳定在52%以上。[④] 统计数据显示，2020年黑龙江省民营企业100强实现营业收入为2734.8亿元，较上年增长0.54%；实现净利润121.59亿元，较上年增长7.01%。[⑤]

相关统计数据显示，近年来，东北地区投资领域发生明显变化，民营企业的快速发展推动了民间投资的快速增长，成为投资重要的资金来源，有效拉动了社会投资的增长。同时，民营企业各具优势和特色，广泛分布于国民经济各个行业，尤其是随着信息技术的飞速发展，许多民

① 省市场监管局发布首个私营企业数据分析报告［N］. 辽宁日报，2020-03-10.

② 辽宁省统计局. 2020年1—12月份全省规模以上工业企业利润下降4.2%[EB/OL].(2021-01-29)[2021-03-15].http://tjj.ln.gov.cn/sjjd/sqzx/202101/t20210129_4077706.html.

③ 辽宁省政府工作报告（2020年1月14日 唐一军）［N］. 辽宁日报，2020-01-22.

④ 吉林省出台实施细则促进中小企业发展[EB/OL].(2020-11-26)[2021-03-15].http://www.cs.com.cn/xwzx/hg/202011/t20201126_6115233.html.

⑤ 黑龙江省全面激活民营经济发展活力［N］. 黑龙江日报，2020-10-29.

营企业加快向信息技术等高新技术产业转移，更多的原本集中于第一产业和第二产业的资源被释放出来，投资于快速发展的第三产业，产业结构进一步优化。东北是我国重要的老工业基地和粮食主产区，区域经济具有典型的二元结构。从20世纪90年代中后期开始，由于国企改革的推进，大量工人下岗；与此同时，在农业现代化和农业经济结构调整下，农业劳动生产率显著提高，农村剩余劳动力逐渐增多；此外，东北地区正在寻求经济发展方式转变和经济结构的重大调整，资本密集型产业与技术密集型产业的比重显著提高。这多重因素的作用，给东北地区的就业带来前所未有的压力，而国有企业吸纳劳动力的能力相对有限，由于民营企业的快速发展，劳动力需求大大提高，为下岗工人、过剩劳动力和城镇新增劳动力提供了就业机会，成为吸纳就业的主要渠道。

多年来，我国宏观经济保持快速、稳定、健康的发展态势，形成了良好的宏观经济环境，促进了民营企业更好地发展，东北地区民营企业的发展前景会更加广阔，逐步走上高质量发展之路。我国正进一步修改和废除那些不利于民营经济发展的法律法规，为民营企业的发展创造良好的宏观条件。东北地区民营企业将继续保持较快的发展势头，民营经济增加值占GDP比重将进一步提高，对东北国民经济的贡献将进一步提高。

随着市场经济体制的逐步成熟，行业准入条件变得更加宽松，民营企业自主创新能力不断提升，逐步从成本主导战略转向技术主导战略，利用高新技术和先进实用技术，改造提升传统产业，增强创新能力和市场竞争力，形成一批具有自主知识产权、知名品牌、国际性强、利润丰厚的民营企业。同时调整产业结构，对高耗能、高污染、低附加值产业进行淘汰，无公害、高附加值产业是国家推进工业化结构和产业精细化的重要方向，也是民营经济未来发展的重要方向。同时，更多的各类专业人才参与到民营企业中来，进一步提高民营企业人员的素质，逐步建立现代法人结构，企业治理体系将规范化、合理化、现代化。

改革开放以来，东北地区民营企业的发展进程紧跟国家市场经济体制改革的步伐。总体上看，在市场经济体制建设的进程中，民营企业数量不断增长，平均投资规模不断增长，从业人员数量不断增长，取得了快速发展的趋势，不仅进入传统制造业和服务业，在高科技、金融等高附加值新兴产业中也逐步崭露头角。但是，与国内东部沿海地区相比，东北地区的民营企业发展相对滞后。辽宁省直到1998年和1999年发布了两份促进民营企业发展的文件，真正开始重视民营企业的发展，也是新世纪以后的事情。① 因此，东北地区民营企业发展较慢，相关领域的龙头企业较少，规模偏小，竞争力和拓展能力较弱，据《2020中国民营企业500强榜单》显示，2020年东北三省共有11家企业上榜，其中辽宁省8家，吉林省2家，黑龙江省1家。

从数量和规模上看，改革开放以来，东北地区民营企业数量有了显著增加，结构不断优化，注册资本快速增长，从业人员数量不断创历史新高。民营企业在促进就业和再就业、盘活城乡市场、增加财政收入、稳定社会秩序等方面都发挥着不可替代的重要作用。

辽宁省民营企业户数由2010年的30.8万户增长到2019年的88.3万户，增长了近2倍；个体工商户数由2010年的153万户增长到2019年的290.39万户，增加了近1倍。2020年注册的辽宁省民营市场主体数量达到393.5万户，比上年增长8.02%，占全部实有市场主体总量405.61万户的97.01%，同比提升0.17个百分点。截至2019年底，辽宁省个体私营经济从业人员实有1037.8万人，较上年同期增加13.9%。其中，私营企业498万人，增加5.55%，个体工商户539.8万人，增加8.35%。辽宁省民营企业对外开放的水平不断提高，2020年辽宁省民营企业进出口额为2618.1亿元，占全省进出口总额6544亿元的40%，同比增长2.9%；民营企业出口额为1205.2亿元，占全省出口总额的45.4%，同比提高了5.5%。2019年，辽宁省规模以上私营工业企业利润总额392.79亿元，占全省规模以上工业企业利润总额1332.0亿元的29.5%。全省规模以上私营工业企业增加值增速为27.7%，高出全省规模以上工业企业整体增速17个百分点。

吉林省截至2018年底，民营企业为39.61万户，新增7.69万户，占全省市场主体总体比重为17.57%；个体工商户172.77万户，年度新增28.96万户，与2017年相比增长7.31%，占全省市场主体总体比重为

① 高元录，钱智勇．东北地区民营经济发展的制度分析［J］．东北亚论坛，2007（1）：73-77.

76.63%。从民营企业注册资本（金）情况看，100万元~500万元的企业102272户，比2017年增长35.66%；500万元~1000万元的有30818户，比2017年增长44.39%；1000万元~1亿元的有38553户，比2017年增长41.29%；1亿元以上的有2705户，增长54.93%。

黑龙江省民营企业不断壮大。2018年新登记民营企业43.93万户，同比增长7.49%，占新登记总量的98.91%。截至2018年底，民营企业达220.29万户，比2017年年底增长7.68%。2011—2017年，民营经济增加值由6303.3亿元增加至8634.6亿元，增速一直保持高于同期GDP增长水平。民营经济增加值占GDP比重由50.1%上升至53.3%。在固定资产投资方面，2011—2017年，民营经济固定资产投资额由3600.8亿元增至7798.6亿元，占全省固定资产投资额比重由48.2%上升至70.4%。就税收而言，民营经济税收总额稳步增加，从2011年的752.3亿元增加至2017年的1039亿元，占全省税收收入总额的比重从41.5%增加至57.8%。在国际贸易方面，民营经济进出口总额有所波动，2014年达到峰值223.8亿美元，随后骤降至82.3亿美元，2017年回升至102.2亿美元。黑龙江省民营企业创造了省内大量的就业机会。截至2018年，民营企业从业人员达300万人，个体经营户从业人员达397.3万人，民营经济从业人员占全省从业人员比重近40%。①

东北地区民营企业在发展初期，绝大部分选择个体业主制、合伙制和股份合作等形式，没有将所有权和经营权相分离，管理上普遍采用了家族式的管理体制，逐渐暴露出局限性。近几年，东北有越来越多的民营企业逐渐跳出了传统的管理模式，不少民营企业已经完成了企业化改造，形成新的科学管理模式，注重文化管理和品牌运营，走上了良性发展的轨道。此外，产业结构进一步优化，除了在制造业、服务业继续发展外，开始涉足新兴产业，物流业、信息产业、动漫等文化产业、新型旅游业等新兴产业成为民营企业竞相涉足的领域。

第三节　东北地区民营企业横向区域比较

根据最新的统计数据，不同省市区的民营企业发展不平衡是一个普

① 张菀洺. 黑龙江省民营经济发展对策研究［J］. 理论探讨，2019（5）：129-135.

遍现象，也是一个必然现象。以黑龙江省的民营企业与民营经济较为发达的省市进行比较，既可以发现东北地区与东部沿海地区民营企业发展的差距，也可以发现东北地区民营企业发展缓慢的根源。

从规模上看，截至2017年年底，黑龙江省民营经济增加值为1608.6亿元，江苏省达到了47589.10亿元，广东省更是达到了48339.14亿元。民营经济占GDP比重：2017年，黑龙江省为53.3%，江苏省为55.4%，广东省为53.8%，似乎差距不大，但如果考虑GDP基数的差距，也可以发现黑龙江省与江苏省、广东省的差距。私营企业累计登记户数：2017年年底，黑龙江省达到210万户，江苏省为769万户，广东省为999万户，在企业登记数量上远不及江苏省和广东省，一定程度上反映出民营企业活力不够的问题。而且就算是辽宁省，在2020年中国民营企业500强中，辽宁省8家，江苏省90家，广东省58家。2020年广东省100强民企中，营业收入过千亿的有11家，其中超过3000亿元的企业有5家；同期辽宁省100强民企中，超过亿元的有19家，其中超过千亿元的仅3家。

从对经济的贡献度上看，首先对GDP贡献，2011—2017年，黑龙江省、江苏省、广东省民营经济所占比重及贡献率，似乎差距并不明显，但江苏省、广东省经济基础好，发展全面均衡，即便民营经济发展水平大幅度领先，但贡献并不突出。其次对就业的贡献，相比较下，黑龙江省的民营经济就业人数增长远不及江苏省和广东省，且基数较大，绝对数量上就更为突出；对就业的贡献率黑龙江省维持在35%左右，而江苏省和广东省早已突破50%。再次对税收的贡献，江苏省民营经济纳税额年均增长在10%附近，总额占比维持在55%~60%，绝对额上远超黑龙江省；对税收的贡献率，江苏省早就超过55%，而黑龙江省直至2016年才突破55%。从行业分布分析，据2015年各省100强民营企业名单显示，黑龙江省的民营企业主要集中在房地产、食品加工制造、药业，以及煤矿、钢铁、水泥和装备制造业等重工业，缺乏高科技和新兴产业；广东省的名单显示，民营企业在高端制造业、批发零售、房地产和商品服务业、互联网服务业占比较大，且金融业、计算机电子通信等行业迅速发展。①

① 张菀洺．黑龙江省民营经济发展对策研究［J］．理论探讨，2019（5）：129-135.

以黑龙江省与江苏省和广东省进行比较，可以发现东北地区民营企业规模小，抗风险能力差。民营企业通常规模较小、资金不足、管理松散，缺乏资源抵御市场风险的能力。同时，民营企业创新能力不足、产业集群化发展滞后、规模经济和辐射效应难以有效发挥，商业模式落后，难以在激烈的市场竞争中站稳脚跟，债务风险压力持续加大。造成这一现象的原因，首先表现为产业布局不合理。在产业布局方面，东北地区民营企业数量居前五位的行业分别是批发和零售业、住宿和餐饮业、农林牧渔业、服务业以及制造业，大多以产品初级加工以及劳动密集型为主，相对缺少对技术创新能力的要求，产业链条短且商品附加值低，对于经济发展的推动力有限。其次是产品档次低，知名品牌少。东北地区民营企业的产品大多处于产品档次低、技术含量低、产品附加值低的状态，且知名品牌少。东北地区民营企业大多规模不会很大，以中小规模居多，由于体量小、实力弱，无力承担新产品研发设计以及推广宣传营销等高昂成本，缺乏品牌意识、品牌建设滞后，因此大部分民营企业的产品仅限于本土化，很难达到全国化甚至国际化；技术含量以及产品溢价低也使得产品竞争力不强，即使原料上乘、做工精良，也难以赢得市场。最后是人才匮乏，缺乏创新。目前，东北地区民营企业普遍缺乏高素质高学历的科学技术人才，管理方式还是依据传统的商业模式，而不是致力于人才的培养，在创新激励方面缺乏科学完善的机制。在新兴技术、知识产权、创新能力等方面投入不足，以至于人才匮乏。此外，家族式企业的思想观念陈旧落后，缺乏长远思维和战略性目标，不能充分重视和利用人才和资源。

第四章　民营企业发展模式经验借鉴

新中国成立以来，东北地区国有经济一直占据着绝对主体的地位，即使是改革开放以来，以国有经济为主体的局面也没有得到根本转变。相比之下，江苏省、浙江省、广东省等东部地区的民营企业在乡镇企业和个体企业的基础上快速发展，有力推动了区域经济的发展，形成了不同的发展路径和模式。关于民营企业发展的模式，学者们一般认为有三种基本模式：苏南模式、温州模式和珠三角模式，也有学者在这三种模式之外，认为存在中关村模式、三城（海城、兴城、诸城）模式、重庆模式等。本章对苏南模式、温州模式和珠三角模式进行细致梳理，总结经验，以期为东北地区民营企业高质量发展提供一定的经验借鉴。

第一节　苏南模式

“苏南模式”是对江苏省南部民营企业发展路径的概括，“通行的理解是指苏锡常地区通过发展乡镇企业进行非农化的方式和路径”①。1982年以来，江苏省南部的苏州、无锡、常州等地民营企业的发展，以最初的社区企业、乡镇企业为基础，在基层政府的力推之下，打破了原本纯之又纯的全民所有制体系，在一定程度上纳入了市场的灵活性，尽管在产权关系上并没有厘清，但是在改革开放初期，市场的发育需要时间，

① 洪银兴，陈宝敏. 苏南模式的新发展：兼与温州模式比较［J］. 改革，2001（4）：53-58.

企业也没有成为完全市场主体的能力，因此基层政府在这一过程中要发挥积极作用，才能有效地动员社会资源参与企业的发展和市场建设，使得苏南的乡镇企业在20世纪80年代获得了快速发展，“农民依靠自己的力量发展乡镇企业，乡镇企业的所有制结构主要是集体经济；社区政府（乡镇政府）主导乡镇企业的发展”①，直到20世纪90年代中期，苏南的乡镇企业在全国都处于领先水平。从20世纪80年代后期开始，市场经济体制的全面转型，乡镇企业原先的优势逐渐衰减，产权不清的后果逐渐显现，国有企业和个体工商业的发展给乡镇企业在市场竞争中形成冲击，三资企业的进入和发展也给乡镇企业造成了很大的竞争压力。20世纪90年代后，苏南地区对推动乡镇企业的发展方式逐步进行了改革，形成了新的苏南模式。

（一）苏南模式的形成与发展

改革开放初期，国家提出大规模发展农村商品经济，江苏南部地区在基层政府的引导下，以农村剩余劳动力和集体农业的积累，发展集体所有制企业。20世纪80—90年代，苏南地区农村的工业企业数量年均增长14.31%，到1990年，数量超过3.38万家，而截至1991年年底，辽宁省有1.7万家，黑龙江省有1.1万家，吉林省有0.9万家。②

苏南地区的民营企业有两个源头，一是原属于集体企业的乡镇企业在20世纪90年代实现改制。在1988年民营经济获得合法身份之后的短短几年中，原乡镇集体企业改制比例就超过80%，涉及总资产435.4亿元，占全市乡镇内资企业总数的81.6%、资产总额的64.6%。③ 这次改制进度快速，形式多样，形成了股份制企业或者单一制企业，彻底地明晰了企业的产权关系，企业资本主体变为民营资本，初步建立了现代企业制度。二是党的十五大后，民间投资在各级开发区内新成立的企业，逐渐成为各地经济发展的重要力量。

苏南模式的早期发展可以说是计划经济体制范围内短缺经济的产物。

① 洪银兴，陈宝敏．苏南模式的新发展：兼与温州模式比较［J］．改革，2001（4）：53-58.

② 徐元明．新环境条件下苏南农村企业体制的再创新［J］．学海，2003（6）：157-159.

③ 陈晓南．创业投资与长三角高新技术产业化［D］．成都：四川大学，2005.

在经济发展方式转轨之后，苏南地区的乡镇企业显示出旺盛的生命力，整个20世纪80年代，苏南地区经济总量快速增长。伴随着20世纪80年代后期，随着沿海开放战略的实施，苏南乡镇企业抓住这次机遇，大力发展外向型经济，利用外资大幅度增长，对外合作势头强劲，海外投资猛增。20世纪90年代初开始，苏南地区乡镇企业通过多种方式推进企业联合和组建企业集团，虽然企业数量在减少，但是企业的平均经营规模和生产能力却出现大幅度上升。而且随着城乡壁垒的打破，分散在乡镇的企业开始在城市工业区集中，出现城乡一体化趋势，推动了新一轮的城市化进程。2000年之后，苏南地区的乡镇企业进行了二次改制，民间资本大量涌入，资本运营和科技创新企业成为民营企业的新亮点。围绕着高新技术和高适用性技术，提高设计、制造、装备、管理水平，引导传统产业、精密机械加工和高科技产业向高附加值、低消耗方向发展，力争在制造业中保持领先地位，利用区位优势参与全球分工和竞争，新的苏南模式也得以形成。

（二）苏南模式的初始条件

考察区域民营企业发展的初始条件，是要明确哪些条件是促进区域民营企业的产生、发展和壮大，是哪些区域条件造就了民营企业发展模式的不同。

江苏省南部主要由苏州、无锡、常州组成，并已延伸至镇江、扬州，地处长三角中心城市上海与南京之间，水陆交通便利，农畜渔等副业发展具有得天独厚的条件。由于靠近中国最大的经济中心上海，苏南农民与上海等城市的产业工人关系密切，可以便利地得到项目和技术指导，因而受到上海经济和技术的辐射影响很大。优越的地理位置，便利的交通路网，繁荣的商贸条件，靠近经济中心城市，可供选择的行业和产品范围广，这为苏南农村地区发展非农产业，特别是乡镇企业创造了良好条件。

苏南地区历来是鱼米之乡，土地肥沃，商贾云集，农业初始积累优良，工商业基础厚重，是中国历史上最为富庶的地区之一。春秋时期手工业十分发达，明朝中期以来开始出现资本主义的萌芽，近代更是成为中国工商业和民族工业的发祥地。新中国成立后，通过合作社、公社化等方式形成的集体主义融入苏南地区，由于集体积累相对较强，出现利用集体积累资金、剩余劳动力、土地等要素，建立社队企业，以缓解人多地少的矛盾。20 世纪 80 年代乡镇工业兴起后，建立了多个工业品贸易市场，并发展为区域性或全国性的市场。由于受到上海经济发展的辐射，苏南地区国家投资和项目较多，造成了浓厚的公有制色彩，私营经济则较为薄弱。

改革开放初期，苏南地区的乡镇企业就有一定规模，初始积累较为丰厚，在民营企业发展的早期阶段，更愿意选择进入门槛较高的行业。20 世纪 80 年代中期以来，发展了一批劳动和资本密集型乡镇企业，包括机械制造、化工建材等行业。1989 年，江苏乡镇企业总产值达 1078.41 亿元，1992 年超过 3000 亿元，1993 年超过 4000 亿元。据江苏省统计局数据显示，2020 年全省民营经济增加值达到 5.8 万亿元，同比增长 5.3%，快于 GDP 增速 1.6 个百分点；民营经济增加值占全省 GDP 比重达 56.8%，较上年提高 0.9 个百分点；对全省 GDP 增长贡献率较上年提高 20.5 个百分点，其中，私营个体经济实现增加值 5.4 万亿元，同比增长 6.3%，占全省 GDP 比重达 52.5%。民营企业专利申请量 56.0 万件，同比增长 31.4%；民营企业专利授权量 38.3 万件，同比增长 74.1%。民营“创新百强”企业研发经费支出占销售收入比重达 3.2%，研发人员占比 15.9%，新产品销售收入达 41%。民营企业共上缴税金 9829.9 亿元，占税务部门直接征收总额的 69.9%，同比增长 1.0%；私营个体经济新增就业数 69.7 万人，占城镇新增就业比重达 52.5%；民营企业参加职工养老保险人数 1350.2 万人，同比增长 10.2%；参加失业保险人数 1190.6 万人，同比增长 8.4%。①

改革开放早期，苏南农村地区的基层政府管理和控制着企业建立和发展所需的资源，在反复的博弈过程中逐渐形成了以模糊产权关系为前提的集体所有制乡镇企业。② 但是乡镇企业并非全民所有制，不用受到经

---

① 江苏省统计局. 2020 年江苏民营经济发展情况分析[EB/OL].(2021-03-02)[2021-03-15]. http://tj.jiangsu.gov.cn/art/2021/3/2/art_4031_9685102.html.

② 叶扬. 苏南模式：乡镇企业发展的经济学分析 [J]. 乡镇企业·民营企业，2004 (8)：17-20.

济管理部门的制约，有利于企业经营者发挥其能动性，虽然受乡镇党政领导人或集体经济组织的制约，但他们与乡镇企业之间的利益关系较为直接，某种程度上形成了“共同体”的关系，企业的经营上能够获得一定的自由度。[①] 相对而言，苏南地区的民营企业家比东北地区的民营企业家更为积极，敢想敢干，机制灵活。

苏南地区历史上形成的吴越文化，也是影响民营企业发展的一个不可忽视的重要因素。吴越文化对苏南民营企业的影响很大，当地人不仅具有勤劳、精巧的文化品格，而且还有很强的商品经济意识，一直重视经济的发展。吴越是历史上最大的国内外贸易大都市。受近代发展民族工业观念的影响，苏南企业家主张“实业为主，商贸为辅”，这种求真务实的传统在苏南民营企业的兴起和发展过程中清晰地显现出来。

（三）苏南模式评价

苏南地区民营企业在发展初期就具有一定的基础，但一直受到公有制思想的制约，农民的创业受限于乡镇企业这一制度框架，导致苏南地区民营企业发展的前身大多是乡镇企业。在经历了艰难的曲折发展之后，终于找到了适宜市场经济体制的途径，以明晰的产权关系为基础，以现代企业制度建立民营企业。

第二节　温州模式

温州模式是20世纪70—80年代，在浙江省温州市自发形成的一种民营经济发展模式。1985年5月12日，《解放日报》发表“乡镇工业看苏南，家庭工业看浙南——温州三十三万人从事家庭工业”的报道，首次提出了“温州模式”的概念。“温州模式是指在中国的经济体制改革和经济发展进程中通过需求诱致性制度变迁和大胆超前的局部经济体制改革所形成的一种区域经济社会发展模式。温州模式的核心在于：充分尊重

① 邹宜民，戴澜，孙建设. 苏南乡镇企业改制的思考［J］. 经济研究，1999（3）：59-65.

和发挥民众的首创精神，将经济体制改革与经济发展有机地融为一体，使改革和发展在区域经济与社会变革中成为一个相互促进的动态变化过程。温州模式的基本内涵包括了两个方面的重要内容：一是温州模式是一种经济社会发展尤其是经济发展的模式；二是温州模式不仅仅是一个经济社会发展模式，同时也是一个经济制度变迁的模式，或者说，经济体制改革的模式。”①

温州的民营企业以家庭产业和特色市场为特征，主要由个体经营者和私营企业发展起来，是一种内生发展模式。在市场化初期，既缺乏国家政策支持，又缺乏外资投入，是“被迫”形成了内生性的发展方式。温州模式在发展初期具有四个重要特征：一是以民间创业为主，不倚靠国家投资和外资；二是产权清晰，以个体私营为主，企业产权没有纠纷；三是产品层次低，以满足国内市场的日用品为主；四是与当地文化传统和社会网络密切相关。以个体私营为起点的民营企业发展模式，在早期就会出现假冒伪劣盛行、环境污染严重，企业自律难以弥补市场约束的问题。当然，在完成资本的初始积累之后，温州的民营企业开始注重企业发展质量，逐步形成企业联合、并购的集团化发展道路，向资产经营、资本运作的方向发展。

（一）温州模式的形成与发展

改革开放前，温州经济发展缓慢，是浙江省相对落后的地区。改革开放后，温州初步走上了以市场化带动区域经济社会快速发展的新路子。改革开放初期，以农村家庭工业为特征的农村工业化进展迅速，温州依靠专业市场和家庭工业生产规模小、技术含量低的终端消费产品。20 世纪 80 年代，中国城乡对低端消费品的需求非常旺盛，为温州农村家庭产业的发展提供了巨大的市场。温州民营企业正是利用这个“小商品大市场”（费孝通语）完成了初始积累，到 1985 年 4 月，温州家庭工业已达 13.3 万户。随着家庭工业的发展，温州以及浙江其他地区开始出现类似区域集聚，具有明显的区域专业化特征。以家庭工业起步的个体私营企

① 史晋川，朱康对．温州模式研究：回顾与展望［J］．浙江社会科学，2002（3）：3-15.

业，与市场具有天然的联系，在全国具有绝对优势。直到党的十四大前，温州民营企业完成了市场经济初期的初始积累，开创了民营企业发展的温州模式。党的十四大确立了建立社会主义市场经济体制的改革目标后，温州民营企业将规范市场经济秩序作为基本方向，以构建“现代企业制度+新型产业体系”的方式走上了高质量发展之路。

党的十五大后，温州采取了更加积极有效的措施促进民营企业又好又快发展，不仅“温州模式”正式出现在官方文件中，而且被视为市场经济改革的典型代表。目前，温州市场主体已经突破 100 万，民营占比达 99.5%。国际上，有 68.8 万温州人在世界 131 个国家和地区经商创业，其中有 38 万人分布在“一带一路”沿线国家①；国内，有 175 万温州人在全国各地创业，268 个城市建立温州商会，每 9 个温州人就有一位经商办企业。

温州地区的生产总值从 1978 年的 13 亿元跃升到 2018 年的 6006 亿元；财政总收入从 1978 年的 1.3 亿元跃升到 895 亿元，民营经济占工业产值的 95%以上，占财政收入的 70%以上。城乡居民人均收入分别从 1981 年的 477 元、113 元跃升到 2018 年的 5.6 万元、2.7 万元。2017 年，温州实现工业增加值 1744.0 亿元，拥有规模以上工业企业 4900 家，实现工业增加值 1087.1 亿元，占工业增加值比重达 62.3%。战略性新兴产业、高新技术产业和装备制造业规模以上工业增加值占规模以上工业比重达 12.7%，41.4%，45.4%，新增省级“隐形冠军”培育企业 52 家，“专精特新”企业 2542 家。② 据“温州指数”测度，2019 年温州民营经济健康发展指数为 90.3，较新时代“两个健康”先行区创建前提高 5.8 个百分点。这期间温州民营工业企业亩均增加值从 121 万元提高到 172 万元，民营高新技术产业增加值占比从 56.4%提高到 61.2%。③

---

① 何玲玲，李亚彪，王俊禄．“八八战略”引领浙江推进高质量发展纪实[EB/OL].(2018-07-20)[2021-07-12].http://cpc.people.com.cn/n1/2018/0720/c64387-30160284.html.

② 张玫．温州：再创民营经济发展新高[EB/OL].(2018-10-14)[2021-07-21].http://www.ce.cn/xwzx/gnsz/gdxw/201810/14/t20181014_30510336.shtml.

③ 周大正．民营经济健康发展有了“温州指数”[EB/OL].(2020-11-02)[2021-07-12].http://zj.people.com.cn/n2/2020/1102/c186327-34389018.html.

（二）温州模式的初始条件

温州地区位于浙江东南部山区，东临东海，距台湾海峡180海里，三面环山，一面环海，面积11784平方千米，其中七山二水一分地，矿产资源、海产品都不丰富，不能靠山吃山靠水吃水。下辖鹿城、龙湾、瓯海三区，瑞安、乐清二市（为县级市）和永嘉、洞头、平阳、苍南、文成、泰顺六县。温州远离上海等大城市，缺乏大城市的辐射和带动。改革开放前，交通环境恶劣，交通和信息成本高，连接温州的铁路于1992年才开通，农业初始积累很低，自然资源也没有明显优势，工商业没有基础。温州有近800万人口，人均耕地0.4亩①，相当于全国人均可耕地的五分之一。新中国成立后很长一段时间内，温州农业难以自给，粮食自给率不足35%，可以说温州模式是被“逼迫”出来的。

温州地处东南沿海，新中国成立后这里是蒋介石国民党“反攻大陆”的主要目标，处于海防前沿，国有企业建设受限。计划经济时期，政府的投资和项目很少，也不允许办大企业，盖大楼。改革开放之后，工农业积累几乎没有，民营企业只能以家庭工业开始，通过家庭的经营积累初始资本，以家庭成员为主要劳动力，生产规模很小。

在制度上，温州地方政府长期以来为民营企业提供了自主、开放的制度环境，这为民营企业的发展提供了巨大的潜力和广阔的空间。② 也有学者认为，温州模式得益于宽松的外部环境，“无论是在传统计划经济体制下，还是在从计划经济体制向市场经济体制转变的过程中，温州民营企业的成长和发展，都有一个宽松的外部环境作为支撑，运行成本低”③。在经济转型初期，民营企业的发展，客观上得益于政府对民营企业在制度上的保障，民营企业受益于这一制度优势，在缝隙中获得了生存和发展的空间。

---

① 1亩=（10000/15）m^2。

② 陈国权，麻晓莉．经济民营化过程中的政府行为与绩效：对温州的个案研究［J］．浙江社会科学，2003（5）：25-29，24.

③ 周春平．交易费用与我国中小企业可持续发展环境研究［D］．南京：南京师范大学，2007.

当然，政府政策对地方经济的发展非常重要。良好的政策环境为企业的经营活动提供了基本的保障。在改革开放初期，民营企业的地位还没有得到充分的确认，民营企业也没有完全合法化，温州政府保护和支持民营经济，承担着政治风险，出台放宽民营企业的政策，放开民营企业的比例和范围，有力促进民营企业的发展。因此，温州民营企业在发展初期具有较低的制度成本优势，为温州民营企业的发展奠定了制度基础。在经济转型期，温州政府在培育市场中介、提供公共产品、降低市场准入壁垒等方面取得的成就，都对降低民营经济的交易成本起到了一定的作用。

从历史文化上看，浙江一直有重商主义和民营经济的传统，因此在制度允许的条件下，温州可以率先开启民营经济的发展。浙江人自古对“百工之技”极为推崇，相信“民勤于力而以力胜”，重商传统与文化的互动发展，经过不断的锤炼和升华，形成了务实理性的思维方式，蕴含着极强的开拓进取、包容解放的意识，使得温州乃至浙江地区在改革开放后成为民营经济发展的领头雁。在接近自由竞争的民营企业领域，温州民营企业最有可能脱颖而出。人们的趋利避害心理决定了温州的创业与发展更符合比较优势理论。自唐宋以来，温州就是我国东南部著名的手工业和小工业城市，具有崇尚“功利”和“重商”的地域文化传统，“能握微资以自营殖”“人习机巧”“民以力胜”，可以看到温州模式的文化渊源，因此不难理解为什么温州人喜欢做老板了。①

浙江的传统文化极具开放性、包容性。20 世纪 70 年代中期，温州出现了地下民营经济，80 年代以来，在从旧的计划经济体制向现代市场经济体制转变的过程中，温州人又开始领先于全国，背井离乡从事工商业。温州人善于学习和模仿，在日常生活、工作和商业中，向他人学习具体细节，好产品和技术往往能迅速蔓延开来。

（三）温州模式评价

温州的民营企业发展模式接近于古典资本主义在自由竞争时期的资

① 陈智敏. 论苏南模式与温州模式［J］. 合作经济与科技，2006（10）：9-10.

源组织方式。温州经济是民营经济，以市场化改革为导向，大力发展个体私营经济和股份制合作经济。与此同时，温州民营企业将轻工业作为主要领域，无论在产业规模、产品质量、品牌形象、营销网络等方面均居全国前列，即使在国内外市场上也具有很强的竞争力。温州民营企业还具有集群化、“两端向外”、“走出去”等特征。

温州的区位相对不利，民营企业在发展初期缺乏资源、土地、科技、资本等资源的支持，在这种现实的生存压力下，温州人被迫寻求农业之外的生存方式，工商活动成了最好的选择。由于经济转型和体制转轨初期产业基础设施不足，温州人首先选择的是准入门槛低的“小商品”市场。虽然这种发展模式需要从一个小的劳动密集型产业发展起来，但这种模式具有清晰的产权关系，这正是现代经济体制中最重要一点。

温州地方政府针对民营企业发展的各个阶段做出了相应的制度安排。这些特定的制度安排是在特定的环境中形成的，对地方政府的目标定位有着重大的影响。[①] 温州制度环境的形成也经历了从自发到自觉的转变，改革开放后，政府找准了在市场经济发展中的合适位置，在为企业提供良好的自由环境和社会服务上起到了积极的作用。

第三节　珠江模式

20 世纪 80 年代中期至 90 年代初，珠江三角洲通过改革，形成全面开放的格局。通过内外资的整合与互补，乡镇企业蓬勃发展，并逐步形成以“三来一补”、“三资”企业和乡镇企业为主的另一个典型的民营经济发展模式，即珠江模式。费孝通在20 世纪 90 年代考察珠江三角洲乡镇企业发展情况后，将顺德模式、南海模式、中山模式、东莞模式统称为“珠江模式”。[②]

---

① 麻晓莉. 地方政府制度创新与民营经济发展：温州制度变迁研究［D］. 杭州：浙江大学，2003.

② 费孝通. 珠江模式再认识［M］//费孝通文集：第 12 卷. 北京：群言出版社，1999：289.

（一）珠江模式的形成与发展

从发展历程来看，珠江民营企业的发展大致可分为四个阶段：①1979—1984年为第一发展阶段。1978年12月，党的十一届三中全会决定进行改革开放，国务院批准广东、福建对外经济活动可实施“特殊政策、灵活措施”，在深圳、珠海等地开展经济特区试点，此时珠三角地区的乡镇企业发展状况与苏南地区基本一致。②1985—1992年为第二阶段。1985年1月，党中央、全国人大决定开放珠三角、闽东南为沿海经济开放区。珠三角乡镇企业成为香港加工业的搬迁地。“三来一补”是乡镇企业参与分工的基本做法，一些小型的消费电子产业也在这个阶段开始形成。③1993—1997年是第三阶段。1992年邓小平同志前往武昌、深圳、珠海、上海等地考察并发表南方谈话后，对外开放进入新的阶段，珠三角地区充分运用对外开放的优惠政策，而成为全国资金流向的聚集点，民间投资空前增加。1995年，广德、顺德先于苏南地区整顿乡镇企业产权关系，整顿政府与企业的关系。④1998年以后是第四个阶段，珠三角传统产业步入衰退阶段，民营科技企业开始兴起，成为支柱产业。

（二）珠江模式形成的初始条件

珠三角位于广东省南部，以广州、深圳为中心，包括广州、深圳、东莞、中山、珠海、佛山等14个县市，总面积4.17万平方千米，相当于广东省总面积的23.2%。珠三角沿海岸线与港澳相邻，因得天独厚的地理区位，是我国对外开放的窗口和联系世界的纽带；区域内地势平坦，交通发达，形成了水、陆、空一体化的交通网络。

珠三角民营企业的出现，在改革开放前就在一定程度上存在，基层的社队成立农机修理厂、竹子加工厂、造纸厂，以及榨油、酿酒等小型农副产品加工企业，以配合农业生产发展和人民生活的需要，这是珠三角地区乡镇企业的萌芽阶段，生产靠人工操作，技术水平低。改革开放后，珠三角地区乡镇企业利用对外开放的政策优势和毗邻港澳的地缘优势，开始了承接港澳产业转移的进程。到20世纪80年代中后期，珠三角地区的许多乡镇企业在对外开放的进程中，吸纳了大量国内外资金、技术和人才，开始组建企业集团，发展外向型经济，融入国际分工，走规模经济道路，实现了区域经济的迅速腾飞。

理论界将珠三角的经济成就和经验，归结为一系列优惠的政策、灵活的措施和得天独厚的区位。珠三角地区的乡镇企业最初与苏南地区一样，都是在基层政府的参与或支持下成立的，但珠三角是最早引进外资、技术、人才、管理体制的，因此企业发展比苏南地区更加规范。珠三角在乡镇企业起步后，就实施了“厂长经理责任制”“利润承包责任制”等制度，政府对企业的直接干预也较弱，发挥的作用是支持和引导，并不过度干预。

“珠江模式”的背后，是广东的岭南文化。岭南文化源于农业和海洋文化，基于其独特的地理环境和近海开放、内引外接的地理条件，在发展过程中不断地对中原文化和外来文化进行吸收和融合。岭南文化的形成，造就了岭南人开放、宽容、创新的性格，让岭南人在对外开放的过程中能够大胆地接受和引进新事物。北方的战乱和政治纷争对岭南地区的干扰较少，逐渐形成了一种强调重利务实的社会风尚，商业意识很强，比较踏实，“珠江模式”的兴起就清楚地证明了这一点。作为我国最早的经济特区之一，岭南人民大胆探索、实践，着眼于经济建设，将多种资源和文化融入民营企业发展进程，实现了创造性发展。

（三）珠江模式评价

从民营企业所有制上看，珠三角地区形成了以村办、镇办、联办、股份制等集体所有制企业为主体，个体和民营企业为辅的发展格局。利用当地剩余劳动力、闲置资金和传统生产工艺，培育新产能，促进当地商品经济快速发展；各类民营企业相互竞争、相互促进，共同创造区域经济的生机和活力。当地民营企业是外向型经济，从国外引进先进的生产线，参与国际分工，提供国际缺乏的产品；构建具有区域特色的出口生产体系；通过“三来一补”、合资、合作等形式扩大产品出口。在业务形式上，以集团业务为主，结合个体、租赁、中外合资合作等业务形式，发展多种形式的横向联营。在企业管理体制上，发展以主要产品和骨干企业为代表的企业集团，增强企业市场的应变能力，在国内外市场竞争中获取竞争优势。

第四节　三种模式的比较与启示

不同地区的国有与民营经济比重、产业分布等会导致不同的制度互补，形成不同的民营企业发展模式。所谓发展模式，是“在一定地区，一定历史条件，具有特色的经济发展的路子”①。这里的“特色”是指经济发展过程中蕴含的精神理念和相应的行为，而不仅仅是其表现形式。从表现形式上看，“苏南模式”体现为集体经济，接受大城市的辐射，民营企业的发展具有较好的基础，一开始就选择进入门槛较高的行业发展。“温州模式”体现为家庭工业和个体私营经济，是在政府的支持下发展形成的。“珠江模式”体现为利用外资，参与国际分工合作，带动民营企业的发展。这些特征的形成，有着深厚的区域经济地理、区位、制度和文化背景。

在今天的中国，民营企业的成长模式各不相同，也源于不同历史条件和地域文化环境。企业的产生、存在和发展离不开各地区独特的环境（包括自然环境、制度环境和文化环境）。这些地区的环境因素在共同价值观和理念的引导下，推动区域人们的互动行为。② 但是，推动民营企业成长和发展所需的区域因素是什么？这些区域因素中哪个最重要？这些关键因素如何决定民营企业的成长和发展？这些因素在不同地区发挥着不同的作用吗？由于企业发展和经济增长与资源密不可分，那么资源是决定该地区民营企业发展水平的重要因素吗？答案既不能说是，也不能说不是。例如，黑龙江省幅员辽阔，资源丰富，在矿产资源方面无疑优于浙江省，但两地民营企业发展水平和质量却有着很大的差异。区位优势是不是中国民营企业发展区域差异形成的决定性因素？就温州而言，并没有区位优势，国家投资很少，人均可用资源少，交通条件差，但温州却是中国民营制造业的发源地，在全国拥有 34 个产业集群生产基地。

---

① 费孝通．行行重行行［M］．银川：宁夏人民出版社，1992：539.

② 周艳玲．场域文化与民营企业发展［J］．东岳论丛，2011（9）：190-192.

因此，不能从单一因素的角度区别不同地区的民营企业发展水平和模式。区域因素、区位条件、制度和文化背景的差异导致的区域异质性，使不同地区民营企业形成不同的发展路径。苏南模式、温州模式、珠江模式，都是通过农村小企业的发展，逐步实现民营企业的发展壮大，但在企业性质、产业特点和规模、资源获取和市场支持等方面存在着明显的区别。这种差异主要是该地区累积优势作用的结果，而这种累积优势的形成是区域要素禀赋、区位条件和区域历史文化沉淀综合作用的产物。这三种成功的民营企业发展模式显示，尽管存在地区异质性，各地区各有其特定的优势和劣势，但区域资源取长补短，进行有效整合，使区域优势最大化和劣势最小化。因此，不同的地方条件会以不同的方式和途径影响民营企业的发展，但它们有一个共同点，即当地民营企业发展的优势是对当地资源的整合与利用。在这个过程中，地方政府在优惠政策上的差异也不容忽视，民营企业开始发展时，不同地区会面临不同政策环境，比如珠三角就是我国最早开放的沿海地区，得益于这一政策优势，珠三角民营企业不断发展壮大。但是，从20世纪90年代末开始，我国开始实施区域协调发展战略，对西部、东北、中部地区给予了很多优惠政策来支持。就东北地区而言，优惠政策虽然在一定程度上推动了民营企业的发展，但都不是很理想。抛开不同地区的先天差异不谈，政府的作用也应该大不相同，苏南地区和温州地区民营企业的发展就很好地证明了这一点。市场在民营企业发展中也发挥着重要作用，民营企业的发展要充分尊重市场机制的作用，这是民营企业发展的土壤。政府在管理层面的作用是引导、支持和促进民营企业的发展，市场层面则是优惠政策、当地文化历史发挥潜移默化的作用。因此，地方政府在民营企业的发展中需要发挥主动性，民营企业的发展不是单一因素作用的结果，而是要整合区域资源、发挥各区域比较优势、发挥市场机制在资源配置中的优势。各地要在各种激励政策的支持下，探索和发展适合本地区的民营企业的发展模式。

第五章　东北地区民营企业高质量发展的障碍

东北地区在区位条件上与国内其他地区相比并不逊色，甚至可以说是相当优越，但是这种区位优势并没有被东北地区民营企业充分利用；东北地区受计划经济体制的束缚较为严重，民营企业在政策及制度层面存在着某种程度的歧视；东北地区民间投资不足，外资引进较少，人才流失严重；东北民营企业缺少手工业技术的推动，很难涉足重工业领域；东北地区还缺一个商品化、市场化、竞争化的文化氛围。

第一节　东北民营企业发展不足的原因

（一）国家战略定位

东北地区受计划经济体制的严重制约，传统资源产业面临资源枯竭、替代产业发展缓慢等问题，但对资源、技术、人力要求较高的重工业产业依然是当地经济的主体，民营企业在技术上落后、研发能力弱，产品的结构性矛盾突出，企业内部管理落后，难以在市场上与国有企业展开竞争。

所谓地缘差异包括地理位置和自然资源差异两个方面。新中国成立后的东北地区，无论是在备战时期还是在经济发展时期，这种地缘差异对区域国家战略的形成至关重要。地理位置和自然资源决定了东北地区在不同时期的国家发展战略中扮演着不同角色，导致与东部沿海地区民营企业面临着不同的战略束缚。

新中国成立之初，出于区域经济发展和国防安全的考虑，许多工业都建在远离海岸的内陆地区。相对于浙江、广东等东部沿海地区，东北地区获得国家大量投资和项目，成为重要的工业基地。改革开放后，东部沿海地区由于便利的海上交通，成为我国经济发展的龙头和中流砥柱，东北地区逐渐成为老工业基地，在国家经济发展中的地位也逐渐下降。

改革开放后多年的经济持续增长，国内资源和能源供需矛盾突出，如果过度依赖进口，则会受国际政治经济形势波动的严重影响。东北地区拥有得天独厚的自然资源，是国家能源战略的一部分，在保有能源资源方面需要发挥重要作用。① 在国家战略的引导下，所形成的产业结构与市场体系是东北地区民营企业所面临的生长环境，严重束缚了民营企业的发展。

在发展战略上，新中国成立之初，在对当时国内外的政治经济因素进行综合评判的基础上，中央作出优先发展重工业的决策，以改变贫穷落后的农业国面貌。在这一战略思想的引导下，加上资源禀赋和工业基础等原因，东北地区成为我国大力建设的第一个重工业基地，第一桶钢水诞生于鞍钢，第一辆汽车诞生于长春的一汽，第一架飞机、第一艘万吨轮船、第一台内燃机车、第一根无缝钢管……都诞生于东北。1955 年 7 月 30 日，第一届全国人民代表大会第二次会议审议通过《中华人民共和国发展国民经济的第一个五年计划（1953—1957）》，确定集中主要力量发展重工业，并明确规定以苏联帮助支持的 156 项建设为中心，初步建立国家工业化和国防现代化的基础。在这 156 个项目中，东北获得了 57 个，其中重工业 56 个。相反，由于国防安全等原因，改革开放前的 30 年里，东部沿海地区很难获得国家项目和投资，以浙江为例，国家的投资仅为全国平均水平的一半，重工业基础十分薄弱。1978 年 12 月党的十一届三中全会后，我国的区域经济发展战略发生了转变，允许差异化发展。中央投资重心开始向东部沿海地区转移，对东北地区的投资逐渐减

① 孙早，鲁政委. 市场制度变迁、产业结构与西部经济发展［J］. 世界经济，2002（12）：74–81.

弱，这也意味着东北地区在国家战略版图中的重要性在减弱。直到2003年，随着振兴东北老工业基地战略的实施，国家对东北地区的投资再次快速增长。可见，东北地区固定资产投资的变化与国家区域经济发展战略和政策高度相关。当前，中央政府将会相应协调对东北的投资和管控。

东北地区因其丰富的自然资源，在我国能源消费结构中处于重要位置，尤其是煤炭和石油。2020年，根据国家统计局初步核算，全年能源消费总量49.8亿吨标准煤，比上年增长2.2%，其中煤炭消费量增长0.6%，原油消费量增长3.3%，煤炭消费量占能源消费总量的56.8%，原油占比17%，合计占近74%。① 2009年煤炭消费占能源消费总量的70.4%，原油占17.9%，两者合计占近90%。尽管煤炭的消费占比在下降，但短时间内依然是我国主要的消费能源，因此煤炭和石油的充足稳定供应直接关系到国家经济发展的速率和可持续性。

东北三省拥有丰富的矿产资源，类型多，储量大，特别是石油、煤炭、铁矿石等资源在全国占有重要地位。此外，油页岩、硼、钴石、菱镁矿、滑石、石墨等矿产资源储量居全国首位。到2017年，黑龙江省发现了132种矿产，占全国234种矿产的56.4%，其中探明储量的矿产有81种，占全国223种的36.3%；辽宁省共发现矿产110多种，探明储量的有97种，产区1157个，重大开发利用34种，其中有36种对国民经济有重大影响（全国45种）；吉林省共发现矿产137种，已探明储量的87种，其中能源矿产5种，金属矿产26种和非金属矿产53种，水气矿产3种。

东北三省的现代工业起步较早，由于采矿业的发展，工业独特性十分显著。当前，工业系统是由重化学工业形成的，例如钢铁、机械、石油、化工、建材和煤炭，在全国能源和原材料的生产和供应中起着非常重要的作用；采矿和矿物加工业在各个工业领域中均排前列，即便是交通设备制造业，也主要基于采矿和矿业加工；冶金工业在全国有一定的地位，包括黑色金属和有色金属开采和冶炼加工业。东北地区是我国重要的工业基地，将继续成为支撑我国特别是东部地区经济快速增长的能

① 国家统计局. 中华人民共和国2020年国民经济和社会发展统计公报[EB/OL].(2021-02-27)[2021-03-18].http://www.stats.gov.cn/tjsj/zxfb/202102/t20210227_1814154.html.

源大后方。

毫无疑问，东北地区以重工业为主的产业结构必然导致企业的大型化，从区域发展的角度看，东北地区重工业吸附了大量的资源、人力和资金，为其他区域的发展提供基础，而这种产业结构在市场化发展过程中必然受到冲击，因为经济体制的转型、市场主体主动性的释放，重工业必然不能很快适应市场机制；同时，东北地区缺少为人们生活提供必需品的轻工业，这为其他区域轻工业的发展提供了机会，却对盘活东北经济发展产生非常不利的影响。重工业基本属于资本、人力密集型的企业，大大增加了民营企业进入和退出壁垒，严重限制了民营企业进入这些重化行业的门槛。[①] 也就是说，民间资本很难进入这些产业领域，而这种大型国有重工业企业自身又很难转型。

（二）国家战略定位下的发展路径

通过以上分析，不难看出东北地区的区域发展目标始终与国家区域经济和产业发展目标高度一致。东北地区在各个历史时期的使命和角色转变都受到国家意志的指引，在此基础上形成的以重工业为主的产业结构对东北民营企业的生存发展路径影响很大。

东北地区在经济体制转轨过程中，存在对传统发展模式形成的路径依赖，要改变这种路径依赖就必须改变当前所有制结构，形成符合市场机制的所有制结构，因此改变东北地区所有制结构，积极为民营企业发展开辟道路，一致被视为推动东北经济发展的主要路径之一。但问题是，在东部沿海地区（如苏南地区）曾经占主体地位的国有企业在市场竞争中逐渐实现重组，在一定程度和范围内实现民营化，同时为民营企业的生存发展让出了相应的空间。然而，东北地区国有企业在市场化进程中，并没有带来民营企业的相应发展。其中的原因并不是因为东北地方政府为了保护国有企业，采取了特殊的政策排斥民营企业的发展，而是由于

① 李靖宇，张晨瑶. 国家重量级战略区域东北民营经济发展问题探讨［J］. 东北亚论坛，2012（2）：96-106.

国有企业受计划经济的影响所形成的产业结构，导致国有企业对经济的主导性、影响力和聚集的资源大大增加市场准入的壁垒，限制竞争者进入和民营企业的进入。

东北地区的产业结构和企业所有制结构对区域经济发展产生了很大的影响。东北地区产业结构以重工业为主，主要领域集中在石油开采加工、钢铁等冶金工业、化工、大型机械装备制造业等，需要巨额的投资，对技术和管理的要求也很高，因此，东北地区的这种产业结构必然导致国有企业规模结构过大。东部沿海地区的一般加工制造业较多，投资较少，企业规模不一，所需要的人数也多少不一，相对容易进入，且能获得进一步发展的空间。由于产业结构上的这种差异，东北地区的企业规模明显大于东部沿海地区，在资金、技术和人力资源等因素上的限制，民间资本只有积累到一定程度才能进入重工业。因此，民间资本首先选择投资少、见效快的行业作为起点。这就不难理解为什么东北地区民营企业发展滞后，民间资本存量没有达到一定规模，就很难进入一些重工业领域发展，当前的这种产业结构限制了民营企业的进入。

东北地区以重工业为主的产业结构大型化的企业规模所需的资本、技术和人力的高投入，构成了处于早期阶段、资本相对薄弱的民营企业的进入壁垒。即使消除了体制因素造成的政策障碍，但由于市场体系发展缓慢，东北民营企业难以获得必要的资金和技术投入。为解决产业结构升级与市场化发展缓慢之间的矛盾，以国有企业为主推进市场化改革成了必然的选择。这是与东部沿海地区相比，东北民营企业发展面临的突出障碍。

很明显，东北地区以国有企业为主的所有制结构是计划经济的产物，至今也依然肩负着执行国家发展战略的使命以及很多的社会责任，因此国有企业具有利用所有制优势吸纳社会稀缺资源的倾向，同时也面临着资源的低效使用和浪费情况。因此，国有企业长期在东北经济中的主导地位，不可避免地加大了地方民营企业获取资源和进入市场的难度，阻碍东北市场经济体制改革的进程。

樊纲等①将“市场化进程”尽可能地量化，构建由5个一级指标和25个二级指标组成的指标体系，并进行“主因素分析法”进行计算。从统计数据来看，在五个一级指标（政府与市场的关系、非国有经济的发展、产品市场的发育程度、要素市场的发育程度、市场中介组织和法律制度环境）下，东北三省（辽宁省、吉林省、黑龙江省）在全国的排名基本都处于中等偏下的位置，而江苏、广东、浙江和福建的排名则处于很靠前的位置。不同指标排名表明，东北地区在政府与市场的关系上，政府对企业的干预有些过度，市场机制的运行存在困难；在非国有经济的发展上，东北地区的国有经济依然具有绝对优势地位，对民企存在一定的挤出效应；在产品市场的发育程度上，存在一定程度的地方保护主义，市场机制并不完善；在要素市场的发育程度上，东北地区的国有经济占比过大，不利于要素市场的发育和成熟；在市场中介组织和法律制度环境上，东北地区也存在很大的完善空间。

第二节　东北民营企业发展的特殊性

与浙江、江苏、广东等地相比，东北地区由于特殊的工业基础和丰富的自然资源，在各个发展时期都受到国家战略决策的强烈影响，造就了东北地区当前稳固的产业结构和企业规模，在一定程度上延缓了东北的市场化程度，市场机制难以发挥有效作用。民营企业作为市场经济中最活跃的主体并没有发挥应有的作用，长远发展必然受到制约。

（一）制度创新不足

改革开放以来，国家在“摸着石头过河”的过程中，先后将珠三角地区和长三角地区作为实施市场化改革的试验区，实施与其他地区不同的特殊政策以实现经济发展，要求这些地区充分发挥市场机制的作用，各级政府和管理部门减少对经济发展具体过程的干预。政策的不断完善

---

① 樊纲，王小鲁，张立文，等. 中国各地区市场化相对进程报告［J］. 经济研究，2003（3）：9-18，89.

和经济发展的成功，使这些地区成为我国典型的开放窗口和示范经济区。这些地区的市场化模式迅速调动各种资源，形成大规模的制造和供应能力，在较短的时间内，使地方经济取得了较快的发展，从贫乏走到了国际上较靠前的位置。

东北地区在改革开放后，国家宏观经济政策倾斜较少，在政策和资金上的投入相较于东部沿海地区较低，导致东北地区在产权、资金、技术、人力资源等深层次生产要素上仍保留着较强的计划经济特征，所有制结构单一，市场机制不活，以民营企业为主体的民营经济发展缓慢，区域内经济活力不足，而且改革遇到的困难和阻力都很大。直到2003年国家提出振兴东北老工业基地的政策，东北民营企业发展才开始出现历史性机遇，但是与东部沿海省份相比，已经处于落后状态。而且东北地区的社会环境以及营商环境对民营企业并不友好，地方政府在一定程度上对民营企业的疑虑和歧视、民间的商业意识薄弱、契约精神的缺失等因素严重影响了民间资本的积累，限制了民营企业的发展。

（二）产业结构不合理

东北地区现有民营企业大多从事的是第三产业，第二产业发展相对薄弱。东北地区作为我国老工业基地，不仅自然条件好，工业基础也雄厚，而且门类齐全，基础设施完善，科技力量和文化教育水平都处于国内较高水平，具备了第二产业发展的条件，民营企业在第二产业中应该能够做大做强，但实际情况恰恰相反，东北地区从事第二产业的民营企业比重低于珠三角和长三角原本工业基础薄弱的地区。东北地区从事第三产业的人员比例高达七成以上，而且集中于餐饮、娱乐、洗浴、商业零售和低端运输配送等传统劳动密集型、附加值低、创造价值不高的领域，隶属于第三产业的现代服务业发展不理想，民营科技企业更是少之又少。从整体上看，当前东北地区民营企业普遍处于较低水平，发展质量不高，没能随着国家经济发展水平的上升而提高到相应的层次。因此，东北地区民营企业的高质量发展需要提升发展水平，采用高新技术改造传统产业，在第二产业中得到积极发展，加快产业结构的调整优化，发展壮大高新技术产业。对于占比较高的第三产业，同样需要提升层次，积极构建现代服务业。

东北地区不合理的产业结构，在经济转型和产业结构调整过程中，以资本、技术和人力集中为特征的重工业会制约民营企业的发展。一是计划体制与相对较高的准入门槛相结合，提高了民营企业的进入门槛，致使民营企业在生存和发展中过度依赖资源和停留于粗放式发展模式中；二是东北地区规模较大的重型机械和化工行业对配套产品和服务的要求高，民营企业难以满足这种较高的技术和服务需求，大型国有企业难以拆分生产环节交给当地民营企业完成，造成产品和服务的供给结构难以匹配；三是国有企业的技术扩散很难传递到中小民营企业，民营企业缺乏可持续发展能力；四是受传统计划体制观念和东北黑土文化的影响，民营企业在体制和规模上或多或少受到歧视，限制了民营企业对生产要素等资源的获取。

（三）成长基础薄弱

东北地区是全国最大的老工业基地，国有经济比重较大。市场化体制改革为国有企业和民营企业提供了新的发展机遇。国有中小企业的改制以及大型国有企业的混合所有制改革，为民营企业参与国企改革提供了机遇，两种所有制企业的合作可以实现不同运行机制的优势互补。东北地区在改革开放前几乎都是国有企业，现有民营企业中有相当一部分是在国有中小企业改制过程中，在重组和转型的基础上发展起来的，这是东北民营企业参与国企改革和自身发展壮大的主要抓手之一，也是东北民营企业发展不同于东部沿海地区的一个重要特征。当然，国有企业通过改制进行民营化改造，在盘活了国有资产，取得了良好的社会效益和经济效益的同时，以这种方式转制而成的民营企业，设备陈旧、生产技术落后，在管理上也带有很多国有企业的弊端，也迫切需要设备更新和技术升级，在管理上也需要进行现代化和市场化的改革。

东北地区以重工业为主的产业结构和以大型国有企业为主的所有制结构，势必限制了民营企业的发展空间。计划经济体制遗留和较高的准入门槛，限制了民营企业进入重化工业领域，在此影响下，造成了一定程度上的民营企业的资源依赖型发展模式，导致东北地区企业布局不合理，区域整体效益不能得到发挥，严重阻碍了东北地区形成企业规模效益和布局效应。[①] 因此，东北地区民营企业的进一步发展需要打破产业结构和所有制结构的局限，推动国有企业的市场化改革，打破低效的国有企业产业链，为民营企业的发展创造良好的市场环境和空间，加强国有企业和民营企业的融合协调发展，为东北地区经济增长注入活力。

第三节　东北民营企业高质量发展的主要障碍

区域比较优势理论认为，不同区域在经济发展过程中，都有其天然禀赋和相应的比较优势。各地区的发展都要以当地的生产条件和资源禀赋为前提进行分工和生产安排，以实现资源配置的最佳效果，最大限度地提高地区的生产效率。东北地区民营企业虽然具备了一定的发展基础，但既存在我国民营企业面临的普遍问题，也面临着东北地区的地方制约因素。

（一）普遍性制约因素

制约民营企业发展的普遍性因素主要指融资难、税负重、技术创新难、社会服务落后和管理不规范五个方面。

1. 融资难

从民营企业本身来看，由于注册资本低、技术门槛低，存在产业层次低、品牌知名度低、技术装备落后等问题。这种生存和发展状态造成了民营企业的质押变现困难、信用评级低、贷款成本高、风险大等特点，银行等金融机构对中小民营企业的放款热情较低。东北地区较为老旧的工业基础设施和金融理念也给民营企业的融资造成了重大障碍。在当前股权融资成本高、债券融资难、内部积累普遍偏低、直接融资难、民间借贷又缺少法律保护的状况下，许多民营中小企业的资金需求不能得到

---

① 杨坚旭. 转变发展方式，走资源节约型发展之路［J］. 金融经济（理论版），2011（5）：24-25.

满足，严重限制了民营企业的发展。

2. 税负重

在我国的市场环境中，市场主体并未获得完全公平合理的市场待遇，表现在税收政策和标准上，与其他类型企业相比，民营企业承受着过高的税负压力。有学者曾在文章中举例说明，民营的有限责任企业在已经缴纳了企业所得税的情况下，售后利润无论是作为红利分配还是用于增资扩大再生产，股东还需要缴纳20%的个人所得税，没有对投资实施税收差别优惠政策。① 而且某些地方税务部门征税随意性大，存在提前征税等现象。此外，民营企业在完成交税义务之后，还面临着较重的缴费压力，在扩大投资、生产运营过程中，民营企业需要办理土地、工商、税务、商检、环保、消防、卫生、劳动、供水、供电等各种证件和手续，而行政管理部门存在职能交叉重复、管理混乱、收费繁杂混乱的现象，甚至吃卡拿要等现象在一定程度上存在。

3、技术创新难

大多数民营企业起点低、资金和技术基础较低，企业技术革新和现代化的高科技生产设备缺乏，也缺乏相应的人才，导致企业技术薄弱是目前的一个普遍问题。此外，民营企业也缺乏技术创新的动力，没有形成自主创新的体制机制，削弱了民营企业的创新能力。高新技术领域的产业发展面临重大的技术风险、市场风险和技术流失风险，这种风险也不是一般民营企业所能承受的。因此，大多民营企业对技术创新保持谨慎保守的态度。

4. 社会服务落后

企业的社会服务体系包括信息建设服务、人力资源开发服务、中介服务、商会服务、金融服务、对外经济贸易风险预警、国际法律保护等内容。通过政府建立的公共服务平台，企业通过获得相关服务可以保证获得准确的市场信息，以与市场进行及时的联通，维护自身合法权益。完善的社会服务可以维护市场竞争的公平性，维护民营企业健康发展的市场环境。

---

① 马秀岩，谭小芳. 辽宁民营经济发展对策研究［J］. 东北财经大学学报，2007（4）：42-46.

当前，东北地区的社会服务体系还有很大的改善空间。一是东北地区受计划经济体制的影响，项目行政审批约束力大，社会服务体系建设滞后，行政管理部门权力意识强而服务意识弱，而且对行政审批过程中出现的腐败行为缺乏有效的监管方式。二是政府在向服务型政府转变的过程中，关注的重点对象是国有企业和外资企业，相关的服务体系围绕着它们构建，民营企业则被有意无意地忽略掉了，与民营企业有关的重组兼并、知识产权、土地使用权等合法权益得不到有力的保护。三是行业协会服务不到位，大部分东北行业协会还处于起步阶段，作用有限。行业协会自身建设也存在着职能定位认识不清，管理能力差，缺乏亲和力、凝聚力和吸引力，没能发挥好政府、企业和市场之间的桥梁和纽带作用。

5. 管理不规范

民营企业在管理上也存在着一定的问题。东北地区的民营企业大多还停留在传统的家庭所有和家族运营的模式。这种模式在民营企业发展初期具有优势，较低的管理成本有助于企业形成凝聚力，营造稳定的营商环境。但是，随着民营企业的发展，这种管理模式与现代企业制度不符，直接影响到企业吸纳资源、拓展范围和科技创新的能力。对于东北民营企业的科学、长远发展而言，可以在不改变所有制的前提下，实现从家族管理体制向现代管理制度的转变，是民营企业面临的一个重要问题。

（二）特殊性制约

东北地区民营企业的发展除了受到上述普遍性因素的制约，由于地方民营企业的具体现实条件不同，还会受到特殊性制约。

第一，东北地区的国有工业行业经过多年的发展，形成了自己的技术标准和配套体系，产业链完整，兼容性差，且集中于中心城市。由这些完整产业链外溢而形成的为数不多的民营企业处于相对低端的位置，且处于中心城市之外，难以为国有企业提供成熟的配套和服务。民营企业在发展过程中，与国有企业在产业链的各个环节并非处于平等的位置，在技术和信息交流上存在着很多的障碍，导致在与国有企业的分工、配套、协作过程中处于被动的地位，难以形成成熟的配套机制，也难以形成对国有企业的有力支持。

第二，民营企业发展还受区域自然环境和资源禀赋制约。当前的生态环境保护、资源枯竭的现实问题在一定程度上影响了东北地区民营企业的发展。因此，对于处于粗放式发展的民营企业而言，资源枯竭是其不得不面对的问题，而民营深加工企业规模小，标准化程度低，难以形成规模化优势和特色品牌。因而实现高质量发展也是民营企业必须解决的事关生死存亡的问题，强化技术创新、品牌建设等高端发展路线是东北地区民营企业必须要走的健康道路。

第三，相对于东部沿海地区，东北地区的市场开放程度还较为落后，技术和设备的引进还存在着一定程度的滞后，外贸的发展主要依靠制造业进出口贸易为主，服务业以及整个对外开放水平不够。对区域内的基础设施建设、连通和便利程度，信息流通的合作平台建设和通畅水平都有待提高。尽管中国东北地区与东亚俄蒙朝韩日之间或者有很长的边境线和多个边境口岸城市实现陆路连通，或者以港口为支点，实现水路连通，但外贸水平和贸易量还有很大的提升空间，没能充分支撑起外贸型民营企业的进一步发展。

第四，在现代高新科技领域，东北地区的发展水平与东部沿海地区比相对落后，对高水平科技研发人员的吸引力不足，造成人才流失和科技成果异地转化的现象比较严重。同时，支撑科技型企业发展的信息环境建设、中介服务、金融服务等都比较滞后，难以推动科技型民营企业的发展。

第六章　东北地区民营企业高质量发展的内部治理

新时期以来，随着市场经济体制的不断深化，国有经济和民营经济获得了同等的市场身份，各类企业的市场主体地位得以认可和保护。各地区基本都是在为民营企业的进一步发展创造条件，各种阻碍民营企业发展的体制机制障碍正在不断得到化解。对民营企业自身而言，需要持续完善企业治理，为高质量发展奠定坚实基础。

第一节　强化企业治理

东北地区民营企业发展起步较晚，发展至今存在着的社会化生产与传统小农意识之间的矛盾日益突出，正在成为民营企业健康可持续发展的制约因素。因此，东北地区民营企业发展到现阶段，通过不断推进体制机制创新，克服影响民营企业整体经营质量提升的内在矛盾，实现区域民营企业的可持续发展。

（一）完善产权制度

从企业的发展上看，产权制度是企业获得身份和构建治理方式的关键。民营企业在我国的起步一般属于家庭所有的私有制范畴。民营企业的高质量发展需要在家族制的基础上向现代企业制度过渡，完善企业所有制，摆脱家族制对企业发展的阻碍。为了摆脱民营企业家族制的束缚，一个重要的方式是建立现代企业所有制，将所有权进行区分，占有权、经营权、收益权、支配权分离。从实践来看，产权制度健全的企业发展一般会比较顺利，因而完善的产权制度是民营企业改善内部治理的重要方面。

1. 明确产权

第一，明确民营企业外部产权。改革开放是在我国社会主义建设遭遇挫折的特殊历史条件下，各种复杂社会矛盾又迫在眉睫，国家对国际局势做出新判断的情况下的主动作为。改革开放初期，在社会主义制度的范围内，个体经济不存在任何剥削，又能解决大量剩余劳动力就业，才获得了合法地位。其实在党的十三大之前，我国就出现了大批的承包户和大量的雇佣关系，但当时国家对于事实上的民营企业的发展还没有形成系统完整的政策，这样的承包大户和雇工大户也无法在制度范围内获得事实上的合法身份，只能按照集体企业的管理方式进行注册，即戴上“红帽子”的民营企业。1987 年召开的党的十三大，给予了民营企业以合法的身份，但存在的社会歧视导致一定程度的社会舆论压力和税费不平等政策，许多民营企业依然选择戴着“红帽子”，民营企业的外部产权问题由此而来。随着社会主义市场经济体制的完善，这种产权结构已经不适应民营企业发展的需要，甚至成为阻碍企业转型发展的重要因素。当前，民营企业要想摆脱“红帽子”，走向现代企业制度，必须要明确外部产权关系，即民营企业是否存在公有资产。如果确定民营企业存在公有资产，就需要明确私有产权与公有产权的比例关系，在此基础上确定企业性质。在明确了外部产权之后，民营企业要摘下“红帽子”的限制，获得独立的产权，可以有两种方式：一是与公有产权代持单位和部门进行协商，以划定企业股权比例；二是民营企业主要投资者和成员成立新的有限责任企业，并通过有限责任企业逐步清空原企业的股权，以实现产权独立。

第二，明确民营企业内部产权。民营企业内部产权问题主要包括两个方面，其一为民营企业家族成员间的产权边界，其二为民营企业中个人与企业之间的产权边界。

由于我国大多数民营企业都是在家族企业或是合伙企业的基础上发展起来的，因此家庭化的管理方式成为民营企业较为普遍的管理方式。

当然，这种管理方式在民营企业发展早期是必要和可行的，有助于通过家庭关系将家庭成员凝聚在企业发展过程中，共同努力保证企业的快速发展，这时的企业产权关系在家庭关系中被隐藏起来了，产权问题并不凸显。随着企业的发展，以家庭为基础的产权关系不明导致家庭内部之间的利益摩擦增大，严重影响了企业的进一步发展，因此在家庭内部也需要按照现代企业制度明确产权关系，为企业建立现代制度铺平道路。一是明确企业内家庭不同成员和自然人之间的产权边界。企业产权的明确需要根据创业时的投资来源和发展中的增值作为产权拆分标准，据此确定每一个自然人的股份，根据股份的份额分配决策权和所负责任。二是明确个人投资者与企业产权之间的边界。我国民营企业创业者在创业时一般都把企业资产当作个人资产，个人资产也是企业资产。这种不清楚的产权关系导致企业家承担着无限责任，企业经营出现困难时，企业主承担着额外责任。

2. 构建现代产权制度

第一，选择适合企业进一步发展的产权制度。我国大多数民营企业在创业期选择家庭企业或者合伙企业的方式，这种企业制度在初期是合理且必要的，所形成的野蛮发展能够保证企业早期的生存和发展，而如果一开始就模仿现代大企业的产权模式和管理方式，反而不能有效推动企业的生存和发展，但这种制度和模式与现代企业制度相比，不适合企业的进一步规范发展。因此，对于不同发展阶段的民营企业，选择的产权模式和管理方式应该与发展阶段相适应。对于处于发展早期的小型民营企业，以家庭为单位确定产权，并完善家族制管理模式在成本和效益上具有一定的优势，如果在此时将企业产权明确到每一个家庭成员，反而更易形成产权和利益纠纷，因此民营企业在发展早期也不宜机械地套用现代企业制度。对于已经具备一定规模和盈利能力的民营制企业，产权过度集中会导致企业决策的盲目性和随意性，需要及时向现代产权制度过渡，保障企业的规范发展。现代企业产权制度需要避免产权单一、股份过度集中的状况，应逐步将股权社会化和分散化，让企业管理人员、员工广泛持股，吸纳社会资本持股，不仅可以调动更多资金参与企业发展，也能够进一步完善企业决策机制的规范化。

第二，调整产权结构，将家庭集中产权结构转变为社会化产权结构。

民营企业如果一直停留于单一的家庭产权和股权结构集中于家庭中的某些个体，则难以将家庭与企业分开，家庭产权结构也难以过渡到现代产权结构，难以明确企业的所有者、经营者、管理者以及其他利益相关者之间的关系，无法形成平稳的制衡机制，可能对于企业的进一步发展造成困难。因此，对于已发展到一定阶段的民营企业，需要促成产权结构的转变，引入社会资本，实现产权结构的现代化。同时，由于技术、管理和知识的专业化，在企业的进一步发展中发挥着重要作用，因此在资金以外，知识、技术和管理等现代企业发展因素也需要占有相应的股权，实现产权结构的多样化，以改变家庭企业的弊端。一是在企业内部开放产权，降低原始投资人的股权比例，将知识、技术、资本、业绩、期权、管理等都纳入股权结构，吸纳投资者、管理者、技术员工、科技创新主体等核心成员成为企业的利益相关者，既改变了企业股权结构，也凝聚了企业核心成员。二是向企业外部开放股权，吸纳社会资本，形成多股东结构。民营企业的进一步发展中遇到的一个关键障碍是融资难，为了吸纳更多的社会资金，可以通过增资扩股、资产转换、产权转让等方式有计划地引进战略投资者，不仅吸纳了资金从而促成企业的发展，也引入了新的管理经营理念和方法，可以共同借鉴磨合以推进企业的进一步发展。

3. 确立现代产权制度

第一，实行所有权和经营权分离。我国民营企业在发展初期，由于资金和规模的限制，大都实行的是所有权和经营权高度一致的企业制度。随着企业的发展壮大，规模的扩大和盈利能力的增强，企业决策需要在多重因素中寻求平衡，这种高度集中的企业制度很容易导致企业决策的失误和股东之间利益矛盾的凸显，制约了企业的发展，甚至导致企业的破产。因此，从长远来看，民营企业发展到一定程度后，需要及时对企业的股权制度进行改革，以实现股东所有权与经营权的分离。一是有计划地引入职业经理人，将企业的经营权交给职业经理人，以实现企业经营的专业化。对于职业经理人的来源，可以从人力资源市场引进，也可以从企业内部选拔，对于具备良好管理能力的企业内部人员也可以转成职业经理人，既可以降低职业经理人代理成本和监管成本，还可以降低从市场引入职业经理人带来的道德风险。当然，职业经理人制度要实行代理机制，以确保企业独立的法人产权和经营决策权，减少股东对企业运营的干预，形成股东、董事会和职业经理人之间的权利平衡和有限责任。对于职业经理人，建立健全长效的激励机制和约束机制，薪酬制度应与管理绩效直接挂钩。二是完善董事会制度，改变董事会既是企业的决策者，也是企业的管理者的局面，以形成董事会与管理层相对独立的结构。董事会不仅有企业内部人员，也需要纳入企业外部人员，内部董事必须具有相应的经营管理能力，外部人员则需要从社会上聘请在商业、法律、金融、管理、财务等方面具有专长的人士，以提供专业的决策建议；同时，要确保董事会在企业运营中的地位，既代表股东监督管理层，也代表管理层监督股东，以保障全体股东的利益。

第二，理顺企业股权结构。企业合理的股权分配是企业稳定发展的基础，其中如何处理好个人股、家庭股和其他股份在企业股份中的比例，达到合理的股权结构是关键，减少股东之间的利益冲突，保障企业的顺利发展。经过 40 多年的发展，我国民营企业在企业制度上还处于初级阶段，股权结构、组织架构、管理方式、用人机制等涉及企业长远发展的基本制度并不成熟。当然，企业合理的股权结构尽管有助于长远发展，但具体的企业需要根据具体情况采用适宜的方式，并不是所有的企业都需要采用相同的模式，形成确定的股权比例。企业股权结构的合理化是为了理顺企业股东之间的关系，形成合理的权责利结构，以形成有效解决股东间矛盾的机制和利益分配机制，以推动企业的长远发展。

（二）完善治理结构

1. 确立灵活有效的组织架构

民营企业要在完全的市场环境中成长起来，其组织结构必须是灵活多样的，必须根据企业的实际发展进行科学选择。从我国民营企业当前的组织结构来看，最常用的方式有股份合作制、企业制、联合联盟制等。在民营企业的组织架构中，股份合作制曾经被广泛运用，然而，近年来企业制（主要是有限责任企业）越来越受到民营中小企业的关注和青睐。当前，企业制是我国民营企业的可行选择。联合联盟制主要有四种：企业集群、企业集团、企业联盟、虚拟企业组织。其中，企业集团通过控股、参股、签订合同等方式把大企业与中小企业紧密联合起来，实现大小企业之间的互补互利合作。目前，企业集团正在成为民营中小企业组织架构的有效选择，但由于这一组织架构结构复杂、管理难度大，会降低企业的灵活性和对市场的敏感度。

当前，我国的民营企业大多属于中小企业，在选择组织架构时应考虑自身发展情况，没有必要急于追求组织架构的专业化和复杂化，应根据企业发展的实际情况选择适宜的组织架构。民营中小企业需要选择相对简单、职责明确、指挥统一的组织架构，对企业层级划分和管理职能的要求不能那么严格和规范化，以提高企业管理效率和效益。对于已经发展到一定阶段的民营企业，可以根据实际需要，对组织架构进行改革，以适应企业的进一步发展，在职能部门的设置上，应以简便有效为原则，以利于企业的管理效率。同样，对于现代企业制度，我国民营企业也不宜采用超前的制度，也不一定需要超前建立所有权、经营权和监督权分立的企业制，即便是有限责任企业。制度的建设要服从企业的长远发展，而对于民营中小企业则需要将所有权与经营权适度集中，以推动企业的发展。

2. 实现管理体制转型

第一，完善企业管理制度，实现家庭的人治转向现代规范的企业管理制度。民营企业最典型的特征是以家庭为基础的人治模式，最大弊端是以家庭血缘关系取代制度化管理，不利于企业的进一步发展。因此，在企业发展到一定阶段后，完善企业管理制度就成了民营企业长远发展的当务之急。完善企业治理体制，首先要建立健全管理体系。在企业管理制度上，加快完善人事制度、财务制度、激励制度、薪酬制度、福利制度、培训制度、文化制度等管理制度，以及完善各个管理环节和流程的基本功能，落实主体责任。民营企业管理从人治向规范化、制度化的现代治理体系转变，才能真正解决家族企业分工不清、责任不明、执行不力、决策随意等问题，以确保治理体系的有效性。当然，这些大大小小的管理规范和制度，并不是企业主的随意想法，而是对企业的业务、技术、组织、环境等各方面的充分考量和认真考虑之后，经过反复修订，才形成的科学、合理、有效的管理体系。在建立了科学合理的管理体系后，还需要不断循序渐进地发展和完善，随着企业的发展，对相应的管理制度进行时移世易的调整，使其更加科学、合理和规范，以提高企业的管理水平和效率。

第二，形成科学的决策机制，从经验随意性的决策转变为科学民主决策。现代民营企业以产权结构多元化为基础，建立多元化治理体系，不断提高企业科学民主决策水平。一是民营企业要适应企业发展的需要，转变思维方式，更新观念，改变传统的经验性和随意性决策机制，通过多种方式实现治理主体的多元化，以提高普通员工与管理层之间的信息交流，有助于决策的科学性和民主性，增强员工的归属感和主人翁感，释放更多的工作热情。二是民营企业要建立扁平化、权力下放的组织架构，因为过度集中的组织架构在一定程度上可以促进企业的内部控制，但也会极大地限制企业的反应能力和灵活性。在有效管理的前提下，民营企业可以将非必要的权力下放给基层管理者，以增加企业运营的灵活性。三是建立科学的决策程序，相对于个人决策，民主决策的集思广益和团队合作是最为突出的好处，但是，在执行中，民主决策并不意味着高水平决策，而为保证决策的科学性和有效性，民营企业还需要特别注意决策方法。

（三）完善用人机制

1. 完善招聘机制

民营企业要明确人才招聘的重要性，因为合适的人力资源是现代企业发展的核心竞争力。为了实现可持续发展，民营企业需要充分认识到人才的重要性，改变不科学的招聘制度。对于企业管理者来说，选择合适的人才是工作中的关键之一。招聘是人才全面发展的起点，如果起点不高，很多后续的培训不仅事倍功半，还会给企业造成重复性的招聘成本，严重影响企业的稳定与发展。因此，从某种意义上说，招聘关系到企业的生存和发展。企业招聘可分为内部招聘和外部招聘。内部招聘主要是从企业员工中选拔合适的人才加入管理团队，外部招聘是向社会引入适合企业岗位的人才。内部招聘不仅是对被招聘员工的认可和激励，也可以为其他员工树立榜样。外部招聘在提升员工数量的同时也为企业注入了新活力。这两种方式都有助于改进和完善企业的组织结构。民营企业还需要认识到，成功的招聘不仅是满足了企业的人才需求，也成功提升了企业形象，可以让很多人了解企业，给企业留下一定的印象，无论企业是否招聘到合适的人，都是对企业形象的有力提升。

为有效提高民营企业招聘和培养人才的效率，必须逐步取消基于家庭血缘和情感的人才选拔机制，建立科学、规范、透明的招聘管理流程。明确职位要求和职位描述报告是建立科学招聘流程的关键，因此人力资源开发和工作分析是招聘的基础。科学的招聘流程不仅可以让企业的招聘按计划顺利进行，还可以帮助企业及时发现和修补招聘流程中容易出错的环节。完善的招聘流程是基于企业一线管理人员的实际需求，必须从专业的角度确定职位要求，然后将这些需求报告给人力资源部门。人力资源部门收到用人部门的录用要求后，确定岗位数量、招聘时间、聘用条件。在各部门之间进行有效沟通后，人力资源管理部门开始招聘员工。人力资源部门在企业内部主要负责管理招聘，但在招聘人才方面仅起辅助作用，应该由用人部门做出最终的聘用决定，因此用人部门需要参与到企业的招聘流程中，更好地了解自己的工作需求，招聘到合适的人选，同时降低招聘成本，提高招聘效率。

企业都有自己的招聘和选择人力资源的标准，企业的招聘活动是否科学对企业的发展有很大的影响。如今，民营企业在制定人才选拔标准时，有一种盲目追求高学历、高技能、复合型人才的倾向。人才固然是企业可持续发展和核心竞争力的重要因素，但选拔标准的设定不能盲目。当一家企业根据应聘人的学术水平、知识水平、工作年限和相关证书等严格指标做出招聘决定时，招聘到的“人才”也可能并不适应企业的发展。当然，这并不意味着学历、知识水平、工作年限、相关证书等不重要，或者不能运用于以后的工作中。但对企业而言，要想真正提高企业招聘的质量和效率，要多方面考虑应聘者的综合素质。而一个人的综合素质不仅包括上述硬指标，还包括生活方式、价值观、个性和爱好、理解力、沟通能力、合作能力、对企业文化的认同等软指标。当团队合作是民营企业文化的核心，主要工作以团队形式完成，而且面对激烈的市场竞争时，首先就需要考虑应聘者对企业文化的认同，然后考虑是否具有合作精神以及团队合作的能力，最后才考虑学历、经历及相关证书。一般情况下，一个人的技能、知识和经验都是在工作中积累起来的，只有了解企业文化、契合企业工作特点、适应企业发展需要的应聘者，才会长时间在企业工作。

2. 完善管理办法

第一，根据企业发展实际发掘人才。随着知识经济的到来，越来越多的民营企业认识到各类专业人才是企业的重要动力来源和资产，是提升企业核心竞争力的重要因素，希望通过引进各类人才以解决企业发展面临的各种问题。但是，许多案例表明高端人才争夺战并不一定能够实现初衷。一个企业的健康持续发展，不仅需要懂运营、管理、技术的高层次人才，也需要各种类型和层次的人才，包括熟练的一线操作人员。因此，民营企业在引进人才时，需要根据企业实际需要挖掘所需人才，脱离企业实际延揽的人才不仅增加了企业用人成本，更会出现人才与岗位不匹配的状况，严重影响企业的发展。因而，民营企业在招聘人才时，需要仔细、彻底地考察应聘者的背景和能力，以确定是否符合岗位需求。只有明确了企业和员工的需求和目标，企业才能真正吸引和留住人才。企业不能将所有的问题都寄托于引进的人才身上，也需要为他们的工作提供相应的环境和条件。打破“人才神话”，企业招聘到所需的多类型多层次的人才，以形成“人尽其才”的良好局面，推动企业的快速顺利发展。

第二，全面提升民营企业家素质。随着我国经济体制改革的深入发展和经济全球化竞争的日益激烈，企业家的地位和作用越来越突出。企业家是市场经济发展必不可少的特殊人才，管理各种生产要素并实现利润最大化的使命是民营企业家的责任，具有冒险精神、竞争精神、创新精神则是民营企业家的关键素养。企业要想聘用和留住人才，除了要有足够的物质条件来吸引人才，还需要优秀的领导者。企业要想摆脱“人才陷阱”，企业家需要从自身做起，不断学习各种知识，全面提升自身素质。民营企业家不仅要向行业专家学习，还要学习国内外先进的知识、技术和管理理念，具有独立的人格、积极的人生观和正确的价值观。通过学习，企业家始终追求成功，不断完善自我，不断超越自我，保持冷静、自信、睿智、勇敢，才能在激烈的市场竞争中存活。企业家还需要注重鼓舞、凝聚员工，通过与员工，尤其是各类人才之间的交流，感受企业精神和文化，感受到企业家的实力、个人能力和个性，愿意努力工作、积极进取，实现职业理想，从根本上解决企业“人才陷阱”的问题。

第三，加大人才培训力度。民营企业要想提高管理水平，就需要相应的人才。民营企业要完善培养机制，以解决人才特别是高层次人才不足的问题。加强系统化培训，提升企业人才队伍的整体素质，为企业发展培育和储备新动力。一是在合理分析企业发展需求、科学评估人才现状的基础上，针对企业发展的各个阶段制订人才培养计划和相应的考核办法。二是选择正确的人才培训方式。当今发展人力资源的方式有很多，但企业要根据实际情况，慎重选择人才培训开发的方式，明确哪种方式能产生更理想的培训效果，哪种方式能更好地将培训知识与受训者的原有知识联系起来，哪种方式更有利于增强培训效果，哪种方式可以不断提升受训者的学习积极性，等等。三是建立有效的培训评价机制。培训结束后，企业需要及时对培训过程和结果进行评估，充分将培训活动与绩效考核和薪酬体系深入融合起来，既能够对培训效果进行检验，又为下一阶段的培训提供依据。

3. 完善激励机制

第一，营造积极学习的氛围，不断激发人才潜能。人力资源的特殊性，主要表现在人力资源在一定情况下不仅可以增值而且也可以贬值。实现人才增值的环境通常是建立学习型组织的企业，而缺乏学习型组织的企业往往会导致营造出一种人才贬值的环境。学习型组织的建立，不仅有助于在企业内部营造积极、学习、进取、协作的发展环境，还有助于企业内部信息网络的建立、交流、沟通与合作。建立完善学习型组织，确立人才学习激励机制，大力支持各个方面的人才积极进行交流沟通，促进人才知识的不断更新。此外，民营企业还要将人才的个人理想和未来规划纳入工作日程，将自身发展与企业的人才管理体系相结合，实现职业理想与企业发展相结合。

第二，建立人才竞争机制，促进优胜劣汰。对于民营企业来说，以优越的物质条件引进了人才，并不意味着人才问题就一劳永逸地解决了，企业还必须为引进的人才提供合适的发展环境。不仅要真正重视和珍惜人才，还需要营造竞争的环境，确保优胜劣汰。只有这样才能更好地激发人才的积极性和创造力，才能更好地保持人才队伍的素质和活力。为此，民营企业需要完善人才竞争机制，提供公平合理的优胜劣汰竞争环境，确保引进的各类人才能够创造更大的价值。通过竞争，知识全面，经验丰富，技术水平高，具有创新精神、积极性和企业文化意识的人才脱颖而出，淘汰那些碌碌无为的各类“人才”，降低企业的人才成本。

第三，建立有效的激励机制。科学的激励机制，有利于调动各类人才的积极性和创造性。一是建立科学的评价体系。民营企业根据企业实际，改变老旧的人才评价方式，建立科学、公正、多元化、制度化的人才评价体系，制订科学、公平、公开的人才评价方法，实行有效的激励。二是强化考核结果落实。绩效考核结果应当以客观、公正为基础，作为用人、薪酬、岗位培训等方面的重要依据。三是创新激励方式。人才成长不仅需要物质激励，更需要精神激励。民营企业需要改变传统的薪酬方式，不仅为人才提供劳动报酬，如工资、奖金、福利、股票、股票期权等激励方式，还需要为人才提供各种激励，如个人成长、培训机会、职业理想、工作环境、社会尊重、各种荣誉等。物质与精神的有机结合，让人才在工作中获得足够的满足感和成就感，以更大的热情投入工作中。

（四）完善文化制度

1. 打造富有特色的企业文化

第一，充分认识建设企业文化的重要性。企业文化就像一只“看不见的手”，时刻影响着企业的发展，它对企业的发展不可或缺，而不是可有可无。民营企业要想保持长期发展，打造“百年店”“金字招牌”，就必须着力打造企业文化。企业文化建设是从更高层次提高企业管理效率的有效途径。如果一家企业能够成功地将企业管理融入其企业文化，那么该企业文化就可以在一定程度上补充企业管理体系的漏洞。企业文化建设的本质是用共同的价值观影响所有成员，使他们形成共同的价值观、理想信念和行为准则。这不仅有助于提高员工对企业的认同感，还有助于激励他们。面对日益激烈的市场竞争，民营企业应及时转变观念，适应新形势，将特色的企业文化建设纳入企业整体发展战略，向强化核心竞争力的高度提升。

第二，明确企业文化建设的内涵。加强企业文化建设固然重要，但如果对企业文化内涵的理解出现偏差，即使投入大量人力、物力、财力在企业文化的培育上，很多情况下也会导致结果事倍功半，收效甚微。当前，我国大多数民营企业正处于变革和成熟的重要时期。在推进企业文化建设时，首先要从民营企业的实际出发，明确企业文化建设的含义。企业文化不是一个抽象的概念，而是市场经济条件下的一种微观管理文化。[①] 它是企业员工认可的企业精神、企业形象、价值观和行为准则，是在企业的长期发展中形成的。民营企业需要及时改变对企业文化的狭隘认识和单一的做法，不能将企业文化简单地等同于思想工作、规章制度和集体活动。当然，这并不意味着上述工作根本不重要。相反，这是所有成长性企业都应该努力做好的事情。但必须明确的是，企业文化的核心并非如此。企业价值是文化建设的核心。这是因为，企业价值是在企业长期发展过程中逐渐形成并得到全体成员广泛认同的价值理念，是基于企业科学定位制订的未来发展战略。其中企业价值是企业文化的核心，是企业管理者对企业方向、目标、经营方式、管理方式、发展战略等做出的选择，是全体员工共同接受的观念。[②] 许多成功建立文化的企业都非常重视建立企业价值、企业精神、企业形象和员工行为标准。

2. 重塑企业文化

一是塑造企业价值观。企业文化不是一成不变的，会随着企业生存和发展环境的变化而变化。由于我国经济体制改革的不断深入和国际经济形势变化的影响，民营企业面临的国内外环境发生了显著变化。客观上，需要适时调整企业文化，重新塑造企业价值观。企业价值观是企业文化的核心，在市场经济时代，企业需要形成新的企业价值观，构建新的企业文化。新时代企业价值观的形成必须遵循以下原则：终身学习，不断发展，不断竞争；思想开放，能够吸收和接受新知识；以人为本，尊重知识，尊重人才；开拓进取，与时俱进；勇于创新；科学规划，有远见，自强不息。民营企业要形成新的企业价值观，需要形成立足于企业实际发展、适应企业实际发展、具有独特发展特点、能够被理解和认可的价值观。需要注意的是，企业价值观是基于企业发展的现实对未来发展的理想设计，而不是对当前发展状况的简单概括。

---

① 胡迟. 民企成长路径选择 [J]. 企业管理，2004 (2)：83-84.

② 王彩梅. 论民营企业文化的再造 [J]. 理论导刊，2007 (8)：17-19.

二是提高企业社会责任意识。近年来，随着市场竞争的加剧，履行社会责任、服务社会、回馈社会日益成为企业获得可持续发展动力的重要因素。长期以来，民营企业简单地将企业价值理解为文明经营、守法经营、依法纳税，而对于企业的社会责任、社会服务、回报社会，促进国民经济和社会发展等国家利益考虑得很少。事实上，这种价值已经不适应当前的市场环境，有可能会在激烈的竞争中逐渐被淘汰，而且企业的社会责任是核心竞争力的重要组成部分。因此，民营企业在考虑企业利润最大化的同时，也需要充分履行社会责任。把这个要求提高到文化层面，要求企业关注自身发展，提高员工待遇和福利，重视社会责任，将企业利益和国家利益都最大化。实践证明，市场和社会认可才是企业的强大生命力，只有具有强烈社会责任感的企业，才能获得可持续发展的动力。

3. 提升文化层级

第一，淡化企业中的家族文化。在传统文化的影响下，以血缘为基础的家庭构成了社会的基本细胞，家庭成员之间的信任度非常高，我国民营企业大多是以家庭为基础发展起来的，企业文化中的家庭色彩浓厚，制约了企业的进一步发展。淡化家庭色彩，开创新时代的企业文化，成为民营企业可持续发展所面临的重要挑战。淡化家庭色彩，首先是要提高企业家的综合素质。如前所述，民营企业家对企业的发展起着举足轻重的作用。通常情况下，民营企业的文化具有明显的创业痕迹，而高度依赖于核心创业者，甚至可以说是其管理理念的直接体现。从我国民营企业的发展来看，大多数企业家都具有相当的管理能力、勤奋精神和创新意识，缺乏的主要是文化素养：理性的思维能力、人性化的管理技巧、崇高的社会责任感等。因此，要开创新时代的企业文化，企业家要有开拓进取的品质，抛开家庭观念，积极接纳和信任家庭以外的各类人才。

第二，塑造良好的品牌形象。企业品牌是企业的无形资产，是企业综合素质的最直接体现，直接展示了企业目标、企业定位、企业形象、产品质量、产品功能、行业特色、员工素质等。一个好的品牌形象，在一定程度上可以唤起广大消费者的认知和认同。同样，不良的品牌形象也会在一定程度上阻碍企业的发展。因此，对于民营企业来说，要想实现健康可持续发展，就需要着力打造良好的品牌形象。如今，很多民营企业，尤其是中小企业，对企业品牌的认识比较简单，将企业品牌等同于企业商标。但在现实中，决定企业品牌价值的最重要因素往往不是商标，而是商标背后企业品牌的整体品质、核心功能和文化。没有企业综合素质、核心功能、企业文化的支撑，企业品牌就是一个空洞的标志。因此，塑造良好的品牌形象是民营企业高质量发展的重要环节。

第二节　加强技术创新

新时代，民营企业只有不断加大创新力度，才能在激烈的市场竞争中赢得机遇。为此，企业需要将获取核心技术作为创新发展的重中之重，不断加强与科研院所和高校的合作，在创新决策、科研组织、研发等方面发挥重要作用；敏锐洞察市场变化和产业发展情况，做出科学客观的判断，紧跟时代步伐，力争走在产业发展的前沿，利用市场资源，不断优化配置，形成和增强企业的核心竞争力。① 对于民营企业而言，创新战略主要考虑如下几个问题：一是民营企业根据企业发展的不同阶段采取不同的创新战略。处于初创阶段的民营企业，一般会在资金、人才、技术、市场等方面中存在短板，如果不是掌握核心关键技术的企业，此时依靠模仿创新是比较有效的；处在成长期的民营企业，积累了一定的资金和技术，也可以吸引和激励具有共同价值观的科技人才，在基本条件具备的基础上，顺应国家发展趋势和政策支持，充分发挥企业在资本、技术和人才上的优势，进行自主创新。二是根据企业不同的业务目标选择不同的创新策略。企业创新必须与企业的业务目标保持一致，形成长期、整体的创新规划目标，在统一的规划下，分阶段实施。企业需要协调各种内部和外部资源，以确保完成创新目标。三是制订以市场需求为导向的创新战略。创新的最终目的是实现技术成果的商业化，因此，在制订创新战略时，要以市场为导向进行科学定位。四是根据国家政策制订创新战略。在国家宏观调控范围内，产业政策和基础创新战略会根据发展情况进行调整，企业则需要根据政策的调整及时转变经营思路，避

① 毛敏. 新时期民营经济的高质量发展与民营企业的自我修炼［J］. 长江论坛，2019（6）：35-39.

免与国家政策和未来的发展导向相冲突，尽量争取国家政策的支持，用于解决企业技术创新过程中所遇到的资金、人才、市场等问题。

（一）技术创新融资问题

民营企业在发展过程中，技术创新所面临的风险需要大量的资金投入，单靠企业自身的积累难以负担这种投入，因而需要相应的融资渠道。但是目前市场所能够提供的融资机制、融资渠道等不足以支持企业的融资需要，导致技术创新的资金不足，这既是国内民营企业所面临的普遍问题，也是严重制约东北民营企业技术创新活动的重要因素。

东北地区民营企业技术创新的资金难题，一是由于企业自身发展处于较低水平，二是金融机构信贷标准过高，三是缺少相应的担保机制，导致民营企业技术创新的资金需求主要依赖于企业的自我融资，以及银行的间接融资渠道来进行企业技术创新的投融资，发展速度和资金利用效率较低。市场上的风险投资、债权融资、股权融资等新兴投融资方式对于大多数民营企业而言，达不到市场的高门槛，想以这些方式进行直接融资相当困难。这一系列障碍造成了东北民营企业技术创新资金的短缺，直接或者间接地影响东北民营企业技术创新活动的开展。另外，我国的社会担保机制也不够健全，缺乏分担风险的行业和机构，社会中的第三方担保平台缺乏明确的法律规范和监管，它们在实际的资金担保中很难起到真正的担保作用。

东北的民营企业应该借助多种融资渠道来得到企业进行技术创新活动所需投入的资金，实现企业技术创新活动融资渠道的多元化。一方面，民营企业需要自己打通技术创新活动的融资渠道。企业可以借助与政府和银行等金融机构谈判合作的方式来得到它们所需的技术创新投入资金，或者通过知识产权质押等方式来获取技术创新所需资金，抑或是通过公司上市发行股票的方式进行企业的投融资，这些对东北民营企业来说都可以使企业更好地来开展技术创新活动，从而推动企业的进一步发展。另一方面，东北民营企业可以通过风险投资建设来引入社会渠道的民间资本等，如通过让社会上有意参与企业技术创新活动的个人或企业以参入股的方式为企业技术创新进行投资，因为技术创新一旦成功，也可以为这些社会资本带来客观收益，从而为企业技术创新活动的顺利开展提供资金支持。

（二）技术创新人才问题

由于东北民营企业自身条件及低迷的东北经济发展环境的双重制约，东北民营企业对企业技术创新人才不够重视，使得东北民营企业的技术创新人才流失率很高，因此企业用于进行技术创新的核心技术人才不足是影响民营企业技术创新活动的重要因素。

由于东北经济发展长期低迷的原因，东北民营企业能够给企业员工提供的薪金待遇比较有限，使得东北民营企业几乎不能够把本行业内优秀的核心技术人才给引进来，造成了企业技术创新人才供给不足。我国科技创新体制的问题以及东北民营企业自身的因素，使得东北民营企业处于科技人才资源严重缺乏的处境。本地的技术创新核心人才或者是在东北接受过高等教育的毕业生会离开东北到南方经济发展比较好的城市去工作，造成了东北高素质的精英人才严重外流的现象，导致东北民营企业技术创新人才的缺乏。东北民营企业现在拥有的科学技术创新人员的专业知识更新的速度比较慢，这也是东北民营企业进行技术创新活动的一个瓶颈，而且东北民营企业为了节约运营成本，在企业中一人要身兼好几个职位的现象屡见不鲜，既要通过管理来分配协调好企业员工们各自的工作任务，又要通过进行技术创新来生产出新的企业产品，还有可能要去跑市场来推销企业生产出来的新产品，这在一定程度上就给东北民营企业的管理带来了棘手的麻烦。

企业的技术创新人才是一个企业能否发展壮大的试金石，如果没有核心的技术创新人才，就难以得到持久的发展。因此，东北民营企业必须要重视技术创新人才的培养与发展。东北民营企业针对技术创新人才短缺的问题，应该建立长期、有效的技术创新人才激励和培养机制。东部沿海地区的民营企业为什么可以做得那么成功，究其原因是企业重视激励员工，注重企业技术创新人才的培养与发展。因此，通过对企业的核心技术人才、管理人才进行适当的物质和精神激励，有助于保持他们的工作热情和对其他员工的引导。此外，加大对综合性高素质人才的引进力度也是一个重要环节。

对于科技创新人员来说，流动性也很强，激励机制应不同于普通员工以物质激励为主的方式，科技创新人员心理需求高，自主性高，追求自尊和自我价值的实现，因此，激励措施需要兼顾物质和精神两个方面。从激励的角度看，物质激励要以不同的方式对待不同项目、不同年龄、不同服务年限、不同教育背景、不同技能水平的科技人员，从制度上营造人才成长的良好氛围，既形成了特定的示范作用，也可以促进整个创新团队的提升。企业提供的多种激励方式的内容应包括工资、奖金、股息、利润分红，以及员工持股、股票期权、年假和退休费等。精神激励要体现对创造力的尊重、信任和人文关怀，将企业目标与员工福利相结合，增强员工对企业的认同感和归属感，让科技创新人员认为自己的工作是一项有益的、开拓性的工作；关注员工的工作环境和发展环境，并提供展示才华的机会和平台；帮助他们实现职业生涯规划，提供高水平培训或高级教育机会；关注他们个人及其家人的生活状况，帮助其排忧解难，解除后顾之忧。

（三）技术创新引导问题

在东北民营企业中，企业的老板或者高层管理者缺乏在技术创新活动中的引导和支持作用，缺乏创新精神，使得企业的技术创新活动的开展没有领头人，没有统一协调规划，没有充分的推动力。东北的大多民营企业的企业主对他们目前所经营企业的发展现状尽管不够满意，也不太具有居安思危的意识和洞察力，市场竞争的危机感不足，使得他们对技术创新的重要性和紧迫性认识不足，对技术创新的支持和引导不够充分，也就难以提高企业的生产效率，进而来提高企业生产产品的质量和产量水平，难以推动企业在日益激烈的市场竞争中进一步发展。

企业家精神可以加强企业对技术创新所需各种资源的了解和运用，也可以决定企业进行技术创新活动的方向。企业家精神是影响企业技术创新活动成功实施的一个重要因素，发挥着支持和引导企业员工进行技术创新活动的作用。企业老板或者企业的高层管理者在企业的技术创新活动中处于一个十分独特的位置上，是企业技术创新的领航者和引导者，任何一个民营企业有了企业老板或企业的高层管理者这一坚强的后盾，进行技术创新就变得顺理成章，同时企业技术创新活动的开展也能促进企业产品的转型升级，使得企业生产出来的产品能够得到市场消费者的青睐，在市场竞争中拥有一席之地。

企业家精神可以识别市场竞争中的有利机会和不利威胁，企业老板或者企业高层管理者敏锐的市场洞察力和勇于冒险的精神可以为民营企业在技术创新活动中提供许多非常重要的决策建议。企业老板或者企业高层管理者自己对企业技术创新的意识和培养技术创新核心人才的意识，对一个民营企业的技术创新以及企业自身文化的提升都有非常重要的作用，一个企业要想进行技术创新活动，那么这个企业的老板和企业的高层管理者就必须要拥有这种在市场竞争中的居安思危的意识和判断力。

东北民营企业应该加强企业家精神的培养，使企业老板或者企业的高层管理者不满足于自己公司企业现在的状况而停滞不前，要有技术创新意识，能够保证在企业进行技术创新的时候起到非常好的引领作用。一个优秀企业管理者可以在企业进行技术创新的时候起到良好的带领作用，从而保证技术创新得以顺利地开展进行，这在一定程度上会给企业自身和社会发展带来积极的社会效益和经济效益。

（四）技术创新信息流通问题

东北民营企业在技术创新方面把握的信息不太充分，具有滞后性。究其原因是由这些企业在技术创新方面信息的获取渠道不畅造成的，民营企业技术创新资源的短缺，使得他们能够得到的技术创新信息十分有限，而且滞后，不能及时地得到企业进行技术创新活动的有效信息，难以保证技术创新活动及时、顺利地开展。东北很多民营企业没有自己企业的信息管理系统，一个好的企业信息管理系统不仅能够衡量和评估企业的盈亏情况，而且能够预测企业未来的发展趋势和改进企业生产线，抑或是生产产品的工艺，使得企业产品能够正好满足市场消费者的喜爱，得到消费者们的好评，从而使得自己企业的产品在市场竞争中形成优势，不被日益竞争激烈的市场环境所淘汰。我国有关民营企业的信用评级体系和征信评级系统还没有完整形成。在国外，中小企业的信用评级体系的建立有利于解决技术创新中的信息不对称问题。但这是一项复杂的社会系统工程，其过程是漫长的，而且还需要不断完善的法律制度来保证信用数据主体的积极参与性和信用数据的真实性，同时也需要政府等有关部门的监管以及它们的自律管理等。①

东北民营企业需要建立技术创新信息管理系统，来加强企业技术创新层面信息的供给与获取，保障东北民营企业对市场的技术创新信息有更敏锐的嗅觉力，从而使民营企业可以更好地进行技术创新活动，实现经济产业的转型升级，促进企业的稳步健康发展。一方面，民营企业可以通过与市场消费者的合作来进一步了解他们的需求，将这种市场消费者的需求输入到技术创新信息管理系统中，然后得到企业应该在哪些方面进行技术创新以及应该在哪个技术创新的层次上进行创新，这就要求东北的民营企业必须要建立一套合理有效的市场消费者能够参与其中的机制，从而使得市场消费者对产品的需求与民营企业进行的技术创新能够实现有效的协同，这些民营企业通过进行技术创新生产出的产品就能够得到市场的青睐，同时也使得这些民营企业在日益激烈的市场竞争中拥有进一步发展的可能。另一方面，民营企业可以通过与产品原材料的供应商的协调合作来实现企业技术创新信息知识的共享，同样，把这些共享的技术创新信息知识输入到技术创新信息管理系统中，从而可以加速企业新产品的开发以及降低企业新产品的开发成本等；也可以通过与同行业内的其他中小企业等进行共同的技术创新合作，把互相拥有的技术创新意识同样地输入到企业的技术创新信息管理系统中去，这样就可以建立起一个个中小企业技术创新发展战略合作联盟，从而使得这个技术创新发展战略合作联盟中的每一个中小企业都能够通过技术创新活动来实现企业的健康、可持续的发展。

（五）政府政策落实问题

政府政策的供给对企业的技术创新活动的开展来说也非常重要，如

① 余继超. 缓解小微企融资难，大数据风控是重要抓手[EB/OL].(2020-09-07)[2021-07-21].http://paper.people.com.cn/gjjrb/html/2020-09/07/content_2007469.htm.

果支持政策实施到位，就会极大促进民营企业的技术创新活动的开展。政府针对民营企业制定出的人才政策、产业政策及对民营企业的扶持政策等，对东北民营企业的技术创新活动的开展都有一定的促进作用，政府作为政策纲要的制定者，在东北民营企业的技术创新活动中发挥着至关重要的作用。但是，当前，政府在关于民营企业技术创新的政策供给方面还存在着一些不足。一方面，由于目前地方政府没有发挥出它本该在民营企业核心技术人才投入、科学技术创新资金投入、有利于民营企业发展政策的供给、产学研全面合作等等方面应有的作用，这就直接或者间接地导致了民营企业的技术创新活动开展得不顺利。另一方面，即使政府出台了一些有利于企业发展的产业政策、人才政策等，但是有关政策在地方缺乏足够的执行力，使得这些政策的实施效果并不太好，民营企业在政策中几乎享受不到应有的政策红利。东北地区的高校和科研院所将精力放在争取科研项目、职称的评定上等方面，缺乏将科技研究成果产业化、市场化的动力，主动进行创新的热情也不高，与企业的技术创新对接得不够好，导致丰富的科技创新资源在政府、企业、高等院校与科研机构等多种行为主体之间缺少合理的分配、有效的组合、规范的过渡和正确的实施等，从而影响民营企业的技术创新活动的开展。

针对民营企业的技术创新问题，政府应该加强有利于企业进行技术创新活动的政策供给和实施。一方面，政府应该进一步出台一些有利于民营企业技术创新的资金政策、技术政策、产业政策、人才政策等来刺激民营企业的技术创新活动；同时，政府也应该进一步建立产学研全面合作的长久机制，从而保证民营企业能够通过与一些科研机构和高等院校的合作来得到企业技术创新方面的知识信息和技术创新成果，进而降低企业进行科技创新交易的成本等。另一方面，针对政府出台的一些有利政策、法规、条例等可实际操作力不强的问题，抑或是有些地方政府的实际执行力不够等问题，政府务必切实使地方的民营企业从国家政府的相关政策、法规、条例中直接受益，务必让政府制定的政策、法规、条例等在地方有比较明显的实施效果，这样一来才能使得民营企业的技术创新活动得以顺利开展起来，从而促进企业的进一步发展和区域的产业转型升级。具体来说，第一，政府可以设立中小企业创新发展基金，为中小企业特别是科技型中小企业提供创新发展基金。政府可帮助民营企业充分发挥新金融产品的融资作用，对于产权明晰、财务制度规范、信用度良好的民营企业发行债券或者上市融资；完善民营企业贷款抵押、担保方式等，支持相关项目的贷款服务，支持符合条件的民营企业融资；完善风险投资体系，通过财税政策引导风险资本投资高科技企业和创新项目。第二，政府可对企业创新实施税收优惠政策，扩大民营企业税收优惠范围。对民营科技发展和科技人才引进支出给予适当税收优惠，鼓励民营企业加大创新投入。除了直接减免税外，还可以采取降低税率、加速折旧、放宽费用列支、设备投资抵免、再投资退税等多种形式。① 第三，政府为民营企业与科研院所的技术合作搭建平台。民营企业可以通过与高校、科研院所、专业技术服务企业等“外脑”展开形式多样的技术合作，通过委托开发、联合开发、共建研发机构、创办经济实体等方式开展联合创新。支持和鼓励研究机构向民营企业开放技术中心、研究中心、工程中心、实验室等，为民营企业的技术创新提供科研设施和人力资源。在国家财政投入的基础上，设立产学研合作专项基金，吸引大企业、银行、社会资金的进入，推动产学研联合攻关，共建研发机构和产业化实体。打造服务民营企业的公共创新平台，探索高校和科研院所人才流向民营企业的机制，助力民营企业引进专业人才。第四，帮助民营企业申报各级各类科技规划项目，参与重大科技项目、区域重大项目、产学研合作重大项目建设。② 帮助民营企业建立工程技术研究中心和技术开发中心，增加技术储备。加强培训指导工作，引导和支持民营企业培育和认定高新技术企业。国家和地方支持民营企业拥有自主知识产权和核心技术的产品或项目，加快科技成果转化，促进产业化发展。第五，帮助民营企业保护知识产权。加大司法处罚和媒体曝光力度，完善知识产权执法管理制度和相关法律法规，合理划定知识产权边界，防止滥用知识产权。降低保护成本，增加侵权成本，维护公平的市场竞争秩序和合法的公共权益。同时，还需要加强对防伪技术应用的监督和控制，使其真正成为防范假冒、保护知名优质产品的有力武器。

---

① 叶帆．民营企业转型升级的路径选择［J］．中外企业家，2012（3）：58-50.

② 陈科．转型升级中杭州企业家的认知调查［J］．中外企业家，2013（24）：258-261.

第三节　融入“一带一路”国际市场

虽然近年来经济保护主义在全球范围内有所抬头，但是，世界经济开放与融合的大趋势没有发生根本性改变。在此背景下，尽管大多数民营企业在技术、人才等方面与大型国有企业相比，有很大的不足，但民营企业也需要在“一带一路”倡议带动下，依靠自己的专长，或者辅助国有大型企业，或者与国际企业合作，积极主动地“走出去”，积极参与全球经济技术交流，整合国际国内两种资源，充分利用好两个市场，在更大的环境中锤炼自己，提升企业创新能力和市场竞争能力。

（一）“一带一路”倡议为东北民营企业提供历史机遇

“一带一路”倡议是目前中国最高的国家级顶层合作倡议，推动我国的对外开放更加注重空间和内容的开放，逐步形成点对线、线对片，最终达成大区域大规模合作的发展格局。“一带一路”是我国对外开放的新途径、新的经济增长点，将引导东北地区开放发展进入新阶段，为民营企业“走出去”提供了更好的机会、更多的空间和发展平台。第一，在“一带一路”倡议背景下，东北地区迎来了充分发挥区位优势、提升开放水平的新时代。当前，随着经济全球化和政治多极化深入发展，与“一带一路”沿线国家实现政治互信、经济互利、文化互鉴越来越深入，东北地区民营企业参与“一带一路”建设是必然选择。“一带一路”倡议的顺利推行，加强了东北地区与沿线各国在劳动力、资源、技术等生产要素方面的联系，为民营企业“全球化”提供了机会和平台。第二，“一带一路”倡议为东北地区的对外开放发展指明了新方向和新蓝图，为民营经济发展提供了新的领域和空间。“一带一路”沿线国家多为发展中国家，处于不同经济发展阶段。从东北的地理环境来看，与俄罗斯、朝鲜、韩国等周边国家和地区接壤，有着相同的人文和地理环境，社会文化差异很小，资源和产业互补性强，合作空间大，能够为东北地区创造新的经济增长点。民营企业可以充分利用海外发展平台，与沿线国家在农业、化工、科技、旅游等诸多领域开展合作，拓展合作空间，提升合作成效。

另一方面，民营企业在与沿线国家的经贸合作过程中将面临经济、政治、法律、文化等方面的风险。许多中小企业自身很难有效避免这些风险。沿线许多国家和地区具有经济快速发展的潜力和较大的市场，在与当地企业的合作过程中需要主动遵守国际标准，推动企业创新发展，打造具有自主知识产权的品牌，提高企业经济效益和国际影响力。

在东北地区，目前参与国际分工的企业大多从事贴牌生产，以低价为主要竞争手段，易发生贸易摩擦。民营企业需要主动规划具有竞争优势的优质产品，通过国际交流和整合外部资源，打造企业品牌，提高企业国际竞争力，强化互利共赢的利润基础。因此，为最大限度发挥“一带一路”倡议提供的机遇和平台，民营企业要积极应对地缘政治风险，继续保持民营企业的国际竞争力。具体来说，作为“一带一路”的倡导者，政府需要不断完善外商投资公共服务平台，为民营企业“全球化”提供各种支持要素。通过平台系统，收集、分析沿线国家的相关法律、资源、市场状况、商业状况、社会状况等信息，及时发布信息、指导和其他服务，帮助民营企业最大限度地规避风险。从民营企业本身来看，需要制定必要的风险预警标准和应急对策指南，提高风险防范意识，最大限度地降低风险。

（二）东北民营企业融入“一带一路”的障碍与支持

当前，东北民营企业参与“一带一路”建设的过程中，面临着许多障碍，需要相应的支持。

1. 沿线国家环境问题

沿线国家投资环境不确定性因素大，相关基础设施硬件、相关国家的政策法规软件“不联不通”，这些问题造成了民营企业“走出去”经营和开展产能合作的一系列困难。其原因在于沿途各国的发展水平不一、对利益的追求不尽相同及沿途国家与国际其他国家合作的时候凸显“不联不通、联而不通”等问题。“硬件”方面，某些沿线国家基础设施建设能力较差，交通运输设施、油气运输管道、网络通信设施不完善，阻滞了合作的进程；“软件”方面，沿途各国政策体制不一，法律法规各异，税收流程、办事体制差别比较大。① 东北民营企业在“走出去”的过程中，经常遇到政策法规冲突、贸易通道阻塞的困难，许多法律层面的保障一旦走出国门便失效，民营企业在国际市场单独谈判实力较弱，再者缺乏严格归一的生产标准，使得许多民营企业的商品与提供的服务很难在海外获得广阔的市场，沿途国家投资环境差异性大、不容乐观，也为企业投资与经营增加了许多难处。

在民营企业走出国门，面对沿线国家的环境挑战时，作为政府主体，政府的各个职能部门要切实做到为民营企业“走出去”服务，提供一系列更加便捷与更加全面系统的服务，政府相关部门应该通过革新内部管理来简化服务流程，提高办事效率，削减民营企业走出国门过程中不必要的烦琐程序，为其减少资金成本与时间成本。充分借助海外使领馆对我国企业的引导与保护作用。海外使领馆作用的充分发挥，有助于帮助企业克服在海外市场“水土不服”的问题。当前我国在全世界各地有超过 230 个驻外使领馆，这些驻外使领馆在异国的一线不仅可以对国外国家的外交政策和法律法规有着宏观的了解，并且对于外国市场的微观企业信息也有着充分的了解，完全可以在我国民营企业走出去的过程当中为其提供更加直接的服务与保护。因此，在海外，我国使领馆可以为企业充当坚强的后盾。因此，在“一带一路”建设的过程当中，要充分发挥驻外使领馆所具备的先天优势，促使使领馆把做好双边关系作为自身工作的一项重要内容，可以采取策划“一带一路”相关的公共外交活动，来达到优化外交环境的作用，运用政府外交、民间交流和高层互访的机会，给我国民营企业“走出去”打造较好的海外市场发展环境。② 要切实提升外交工作对民营企业“走出去”的支持力度，通过政府企业双方的努力，共同协助企业将文化、法律、政策等方面的“水土不服”的问题做到真正解决。

2. 全面型人才问题

是否具备相应的人才是融入“一带一路”建设的关键。企业只有具

① 辜胜阻. 推动企业“走出去”实施“一带一路”战略的对策思考[EB/OL].(2017-05-04)[2021-07-21].http://www.npc.gov.cn/npc/c16115/201705/83e0df295bdc4557add22c6268972f60.shtml.

② 辜胜阻. 推动企业“走出去”实施“一带一路”战略的对策思考[EB/OL].(2017-05-04)[2021-07-21].http://www.npc.gov.cn/npc/c16115/201705/83e0df295bdc4557add22c6268972f60.shtml.

备有相当的海外经验以及专业知识的人才，才能更好地“走出去”，对被投资国的法律政策和当地传统习俗也应做到心中有数，建立在这样的前提之下，企业才能更好地适应国外市场环境。目前东北民营企业中具有上述能力的人才数量较少，这种劣势情况为“走出去”企业在经营方面和管理方面都带来了很多的挑战，能够与“一带一路”建设相匹配的专业化人才缺乏，“一带一路”沿途国家地区文化习俗多元，情况复杂，沿途各国所奉行的商业方面的法律法规也有很大区别，所以，作为企业而言，必须培养和具备能够适应各国情况的语言专业人员和经贸专业人员。对于人才缺乏的问题，一方面要加强人才培养，另一方面也要合理运用海外国家当地的人才，仅仅依靠国内所培养出的人才可能对于适应海外工作环境方面有一定的困难。并且，倘若国内大量尖端人才前往国外工作，最终定居国外，则会导致相当数量的优秀人才不能为国所用。民企参与“一带一路”建设的过程中，在很大程度上有着准备不充分、行为不严谨、缺乏风险意识与合规意识的问题。比如，同领域企业的恶性竞争，这一问题在非洲表现得十分明显；还有一些企业对国际规则缺乏必要的认识，蔑视沿途国家的法律法规，不积极承担企业社会责任，产生了不良影响。

只有运用人才“走出去”和海外“就地取材”双方面互相配合的用人方式，才能打破以往企业国际化进程当中的用人“瓶颈”的问题，构建良好的尖端人才交互平台和企业国际化专业人才后备库，努力开拓一条充满高水平人才的新丝绸之路。强化完善人才发展战略，一方面可以使国内优秀人才通过“走出去”去海外一线市场学习实践，提升自己的技能才智水平；另一方面又能充分发现并且运用异国他乡的优秀人才，促使企业海外市场的商业经营更快地取得成功。在具体实施方面，一方面，要充分运用企业自身在国内的人才储备，例如定期选派优秀员工进入高校深造，并前往国外市场国家进行留学访问以及海外市场实践，对于外事商务人员定期持续地培养其外语水平，聘请专业人士全面教授目标市场国家的经济社会环境情况、传统风俗、本土宗教。对于国外特色法律和金融法规的专业人才的培养也需要给予充分的重视，使其在具备专业才能的同时也能够兼具国际化视野，以便更好地为企业的“走出去”服务。另一方面，企业应该在目标国家积极发现与本企业需求相符的本地人才，打造高质量的本土化的人才系统和管理机制，也可以通过与海外华人进行联系，借助他们的关系网，大量吸引优秀留学生和高素质华人华侨加入企业或者协助推荐人才，为民营企业在异国他乡“扎地生根”提供便利。

3. 中介服务问题

东北许多民营企业在海外市场经营时，很难获得有效的咨询和投资方面的建议指导，从而使得商业谈判和经贸合作受到限制。当前我国在“一带一路”方面的海外投资的中介服务体系发展水平低，相应的会计事务所、律师事务所、商会协会等中间组织和中介机构都需要快速发展成熟起来，急需建立起完善的国际化的专业咨询机构和法律援助机构。因为信息交流平台较少，配套风险评估、商业咨询等中介服务不完善，导致信息分散、滞后、脱节的问题层出不穷，政府和使领馆对外援助和商业保障力度较弱，降低了企业“走出去”的信心和能力。

切实强化对民营企业的教育引导与规范约束，培养民营企业在“走出去”的过程中树立并深化国家形象意识，要认识到当自身“走出去”之后，应成为国家形象的代表，培养民营企业守法用法的规则意识、诚信经营的求真精神，面对市场风险，善于审时度势合理分析的风险意识。保障民营企业在“一带一路”建设中的正当权益，规避民企在一些项目中可能存在的恶性竞争的情况、损害自身形象的行为。扶持民营企业真正实现“抱团出海”，塑造产能合作模式，移植产业链，通过集群带动的模式使得民营企业可以在“一带一路”国家进行价值链投资布局。监督协助民营企业依照国际规则与惯例展开经营活动，积极主动地与“一带一路”沿线国家政府部门、工会等组织联系，在当地社会中积极承担社会责任，塑造“中国企业”的正面形象。作为政府而言，应该运用多方力量，创造条件给民营企业培养更多能够与“一带一路”建设相吻合与匹配的人才，加强对“一带一路”建设专业化人才的培育工作，完备民营企业国际化人才支持系统。按照因地制宜的原则，在仔细对“一带一路”沿途发展中国家的国情的调研基础上，培育发展一批跨文化区域、宽层次的人才，所培养的专业人才既要充分掌握当地的语言，更要熟悉本土的文化习俗，对于当地的法律规章制度也要有深入的研究和了解，只有这样，才能给我国民营企业顺利“走出去”提供有力的智力支持。

与此同时，加速引导和培养国内中介组织参与“一带一路”建设，深化中介组织的国际合作，增强提高国际化服务水平。扶持培养一批有能力有魄力在“一带一路”沿线国家和地区开展国际业务的中介机构。中介机构所提供的服务应该包含会计与审计协助、当地法律法规咨询、市场风控、市场信息等。打造复合层次的交流合作体系，切实助力我国民营企业更好地“走出去”。相关行业协会组织必须重视网站建设，定期及时更新关于“一带一路”的支持政策信息，为我国民营企业在申报支持政策时提供必要的信息咨询，提供配套服务，使得民营企业在申报过程中可以熟悉相关程序，达到高效的办理。充分发挥协会的组织协调作用。为较为优秀的行业组织尝试普及“一带一路”服务网络，将分支和办事机构遍及“一带一路”沿线国家和地区；积极重视“一带一路”沿线国家和地区华侨华人及其社团组织的作用，加强联系沟通与合作。

4. 沿线国家风险问题

在“一带一路”沿线某些国家，民营企业工作人员和企业的财产安全面临威胁。在这些国家，民营企业面对着政局动荡、经济环境差、恐怖主义滋生、宗教争斗多、自然灾害繁多的多方面危机，市场体系动荡，稳定性差，资金风险大。对于许多民营企业而言这些风险问题是十分棘手和突出的，有一些是属于不可抗力、难以规避的，但有些风险是可以借助政府的风险预警机制的建立与采用灵活的政策加以避免的。我国民营企业国际化历史短，缺乏国际化经营的经验，并且开展海外经营较早的民营企业重点投身于欧美等市场化水平与经营环境均较好的地区，但在“一带一路”沿线国家和地区投资经营较少，缺乏风险准备，很容易遭受损失。

因此健全对“一带一路”沿线国家投资的风险评估机制，重视对投资风险的综合分析，才能更好地协助民营企业对风险做出预估和应对准备，并将其作为财政支持和信贷援助的重要参考因素。与此同时，要潜心研究对“一带一路”沿线国家投资风险评估更加科学有效的方法，构建规范科学的风险评估程序，把对企业的日常运营记录、利润收入、所拥有市场的稳定性作为风险评估的重要参考因素。积极倡议我国民营企业利用金融机构，比如保险、担保、银行等主体以及其他专业风控主体的业务支持来使得自身的利益得以充分保证。

5. 地位公平性问题

当前民营企业在参与“一带一路”建设时，许多民营企业均反映与国有企业的公平地位方面存在不平衡。大多数民营企业在政策补助方面、金融信贷支持方面、信用评级方面、外汇保障方面缺乏必要的专业指导，以至于难以和国有企业在同一水平线上去参与“一带一路”建设。由于民营企业难以得到国家的支持资金和相关优惠政策方面的信息，从而导致资金换汇时遭到很多制约。

“一带一路”建设的顺利实施，首先在市场化的同时，应该保持平等的原则。中国企业，不论是民营企业还是国有企业，都是能够使得“一带一路”倡议落地的关键支柱。深化民营企业参与“一带一路”建设，可以在很大程度上加速当前我国民营企业“走出去”进程，进而增强民营企业的国际竞争力。与此同时，也可以在适当的程度上减少我国企业对外投资的政府色彩，有助于减少外界对“一带一路”政策的不恰当的解读和错误的理解，有着无以取代的重要作用。民营企业参与“一带一路”建设的过程当中，最重要的前提便是要有一个公平竞争的经营环境，要想把民营企业培养成为“一带一路”建设的重要支柱力量，不论在政策支持、资金扶持方面，还是在融资担保、公共服务、投资便利方面，政府应该制定公平的规则，赋予民营企业与国有企业同样的地位，降低对民营企业的行业限制与使用外汇资金的限额，拓宽民营企业对外经济合作的渠道，使得民营企业可以与国企获得平等的市场竞争地位。

6. 融入模式问题

民营企业选择哪种路径来真正实现“走出去”，在“一带一路”沿线国家和地区的市场占据一席之地，首先要对企业的战略目标做到清晰的定位，对于自身实力有明确的认识以及对沿线国家的国际市场环境做到充分细致的调研分析，作为企业高层，只有建立在对沿线国家内外部情况准确、全面认识的基础上，才能根据实际情况因地制宜地选择与自身企业相匹配、与目标市场相吻合的发展路径来实现“走出去”。针对当前东北民营企业的特点与情况，由于大多数民营企业自身规模较小、实力较弱，因此在选择“走出去”路径时，可以优先考虑选择渐进式路径来迈出自身国际化的第一步，在不断的积累中逐渐丰富自身的海外经验，提高自身的国际化水平。

第一，“抱团出海”。很多民营企业采取“抱团出海”，借助境外经贸合作区，呈现集群化“走出去”。原因在于这些民营企业自身资源有限，实力较弱，单打独斗显得势单力薄，比方说泰中的罗勇工业区，民营企业已经组成了制造业、服务业与化工业的企业集群，通过出口抱团、经营互补的方式，最大程度发挥企业各自的管理、技术、资金优势，达到取长补短的效果，从而提高企业的竞争力。第二，辅助配合国有大型企业平台。许多民营中小企业“走出去”经验不足，国际贸易人才储备缺乏。但是现在很多大型国企已经在“一带一路”沿线国家形成了比较完善的投资和经营平台，东北民营企业通过依附模式融入大型企业或者国有企业的产业链以及价值链中去，直接参与大型企业的项目，在项目中担负一些细小化、专业化的工作内容，或者为大型企业提供外包服务，依靠国有大企业所具备的信息优势、人才优势，为大型企业或者大型国企在“一带一路”沿线国家的项目上提供原材料、零件或者整套设备，从而逐渐实施相应的投资合作计划。与此同时，拥有这些平台的国有企业或者其他大企业也收获到了更加完善和专业的服务，进而形成了双赢的局面。第三，自主发展产业链“走出去”。随着民营企业以及市场经济的发展，有一些民营企业形成了一定的国际竞争力、品牌优势和较完备的国际经营能力与经验，已在“一带一路”沿线的相关国家具备了对运营部署、通信设计、供应设备、管理提供全产业链的一揽子解决方案。第四，同国际品牌企业合作。当前我国一些民营企业尽管拥有比较出色的研发水平和生产能力，然而没有形成充分的品牌效应，在国际市场上知名度仍然不足。此类民营企业和国际品牌公司合作开拓“一带一路”沿线国家市场，经常采用合资、合作公司的模式。

第四节 培育符合时代需要的企业家

从民营企业的发展历程来看，民营企业家的概念随着时代的发展而不断发展，不同的时代需要不同的理念和意识。企业家们在中国改革开放的浪潮中，不断探索和推进社会主义市场经济的发展，他们的思想逐渐从谋生到创业再到做大做强企业，在世界经济舞台上逐渐显现出生命力和活力。企业家的素质也发生了重大变化，从被生活逼迫的个体工商户到民营企业家，从“小贩”到“老板”，从草莽到精英，知识需要持续更新，能力需要不断提高，视野需要不断拓展，社会责任感也需要不断强化。

（一）新时代东北民营企业家所需素质

民营企业家对于引领民营企业健康持续发展发挥着关键作用，因此，民营企业要想得到充分健康的长远发展，必须拥有高水平、高标准素质的民营企业家。

1. 深邃的思想

民营企业要想得到科学的管理、恰当的决策，关键是要有一名具有高远思想的企业家。第一，能准确地处理好企业的长远发展战略、战略扩张以及获得市场占有率之间的关系。民营企业家创建企业的初衷一般都是希望企业能够日益发展壮大，能够经得起岁月的磨砺与考验，持续健康地发展下去。随着企业的不断发展，经营规模的不断壮大，一定会进行战略扩张，而且在扩张中不断创新企业的经营管理模式，提高企业竞争力和企业价值，扩大市场占有率。对于民营企业而言，企业家要思考这三者之间的关系，企业的长远发展、规模扩张、市场占有率之间是随着企业发展质量的提升而不断实现的目标。市场占有率当然不仅仅是指企业规模扩大形成的广泛销路，更关键的是在企业擅长的领域获得主导地位，国家专门出台政策扶持的“专精特新”就属于这类企业。因此，企业家在思考企业发展战略的时候，需要对企业的未来进行规划，是走市场扩张的路子还是走关键技术创新的路子。第二，诚信为本。尽管市场经济是法治经济，完善的法律体系维护了基本的市场秩序，但市场经济也是契约经济，诚信才是市场经济的护身符，有长远眼光和谋略的企业家都会格外看重企业的市场信誉。民营企业家在企业的发展过程中，以诚信为基础打造企业社会形象，建立与客户和社会的关系，诚实守信，维护契约关系才能让企业走得更远，走得更稳。第三，以客户为本的经营理念。市场经济是以满足市场需要为目的的经济，客户的需求是企业生存和发展的动力。以客户需要为中心才能为客户创造更有价值的产品，才能获得客户和市场的信赖。尤其是在买方市场时期，企业要实现长远发展、市场扩张和市场占有率，最终需要获得客户的认可才能实现。而且企业需要根据客户需求的变化，不断通过技术创新以满足客户需求。第四，形成符合市场发展趋势的企业文化。企业文化展现着这个企业的精神风貌，是企业的灵魂，能够塑造企业员工共同的价值观和行为方式，支撑企业在市场上披荆斩棘。对于民营企业而言，企业文化与企业家的价值观、思维方式、行为方式密切相关。在企业的发展过程中，企业家需要把企业的发展目标、实现途径同全体员工的愿望统一起来，形成一致的企业价值观。先进的企业文化理念具有强大的凝聚力和向心力，在推动全体员工齐心协力完成工作的过程中发挥着重要的作用。

2. 高远的战略

目前，我国经济发展已进入新常态，传统的粗放式发展方式已不符合时代发展的要求，技术创新支持下的产业结构升级已经成为常态，市场也逐步朝着多元的方向发展，传统的卖方市场向买方市场转变，利润空间进一步被压缩。对于民营企业而言，传统的依靠胆量和拿来主义的经营方式不足以支持企业的发展。企业家要顺应这一趋势，转变企业发展方式，走上依靠人才、依靠创新的发展道路。充分挖掘行业发展特点，深入结合企业自身的实际经营情况来制订相应的发展战略，才能在市场竞争的浪潮中屹立。因此，民营企业家要具备高远的战略视野和统筹思维。

民营企业家还要学会如何“简政放权”，将企业的一些事务性工作移交给相关部门，将自己从日常企业管理中解放出来，站在行业、产业、社会，乃至历史发展趋势的高度进行战略管理，解决企业发展当中的战略性问题。这里的战略问题，对企业内部而言，包括企业的战略决策、运营模式、资本运作以及风险控制等宏观问题；对企业外部来说，则是对国家各项政策方针的了解、认识和把握，深刻洞悉国家产业发展的趋势。只有站在对内对外相结合的角度，制订企业的战略决策，才能在各种困难中找到发展的机遇，提高企业的核心竞争力。

3. 高超的管理能力

企业家的管理水平对企业而言起着决定性作用。民营企业要实现高质量发展，企业家的管理方式要实现规范化、科学化，且兼具艺术性。

第一，决策能力。民营企业家要做到科学决策，尤其是在如今风云变幻、极其复杂的市场环境中，民营企业家单靠自身的智慧和经验阅历根本不能做出持续的科学决策。要想应对变幻莫测的市场环境，必然需要建立一套科学的决策机制。第二，风险控制能力。民营企业家需要在复杂多变的市场环境中，采取多种方式应对可能的风险，对已经发生的风险，则要把损失降低到最小。第三，管理能力。企业的员工和中高层人才都是构成这个企业的生命细胞，民营企业不断变得强大的关键就在于是否能管理好企业内部。有效的内部管理可以保障企业内部的团结一致，能更好地实现企业发展目标。第四，资本运作能力。在经济一体化进程中，民营企业家不能将视野局限在区域市场中，而需要对资源进行高效的整合，以完善资本运作方式，从而提高企业竞争力，实现快速发展。第五，制度建设能力。民营企业的发展，不可避免地带有人治化倾向，而企业要健康稳定发展，就要尽力避免人治化，而要形成一套完善成熟的制度，如现代企业制度，企业才能不断发展壮大。

4. 强烈的创新意识

由于日益激烈的市场竞争和民营企业自身发展的需要，民营企业家的创新意识和创造性经营就显得非常关键。创新意识是企业家在经营过程中，能够为企业提供高效的内部管理和引领市场潮流的产品，以至于在市场中能够立于不败之地，能够在同行中脱颖而出，能够使企业越来越好，盈利越来越丰厚。创新意识越强，企业就会越来越兴旺发达。

5. 高度的社会责任意识

企业作为社会的重要组成部分，来源于社会又服务于社会。企业作为有经济能力的组织，其社会责任一般被局限于伦理责任和慈善责任，即应负有回报社会、积极参与公益和社会慈善活动的责任。企业的社会责任包含的内容极为广泛，包括向养老院、贫困者、患病者等进行慈善性捐赠，安排残疾人就业，关怀社会弱势群体，向教育机构提供奖学金，举办公益性的社会教育宣传活动等。东北的全面振兴需要民营企业的进一步参与。为了促进民营经济的高质量发展，需要明确民营企业家与社会的关系，以高度的社会责任意识引导民营企业自觉自愿承担社会责任，并注重贴近国家和社会的现实需要。

民营企业家的社会责任内涵丰富，涵盖了经济、法律、伦理、慈善等全部责任。进入新时代，民营企业家承担社会责任的实践需要更加契合我国社会发展和人民美好生活的需要，为改善发展不平衡不充分问题贡献力量。

民营企业家作为社会主义的建设者，与资本家不同，对社会责任的认知度和认同度不断上升。承担社会责任的实践也越来越多，并不断探索适合我国社会的新模式。

民营企业家应从企业发展目标和发展战略出发，将企业社会责任理念与标准融入企业使命与文化中，成为企业核心价值观的重要组成部分，不断适应企业发展环境的变化。在企业的发展过程中，不断评估和反馈这种社会责任理念与标准，保障企业在实现自身发展目标的同时，履行好相应的社会责任。

（二）强化民营企业家培育

在东北地区全面振兴的大背景下，加强民营企业家队伍建设，已经成为民营企业持续发展的迫切需要。

1. 培育内容

东北民营企业需要提升整体素质，加以综合培育。民营企业家在经营理念、经营价值观方面以及创新意识和创新能力方面有所欠缺。因此，应加强对东北地区民营企业家价值观和创新意识培育。

第一，加强价值观培育，提高民营企业家队伍道德素质。民营企业家的价值观决定着企业的经营理念及管理决策，影响企业的生存发展。一是树立正确的利润观。现代的商业逻辑表明，企业存在的价值意义与其创造的社会价值紧密相关。利润虽然是企业经营成果的重要衡量指标，但利润不能作为企业经营的唯一目的，而应当将其看作企业的产品或服务得到消费者认可以后，企业应获得的奖励。因此，企业要以创造社会价值为己任。二是树立正确的事业观。企业家要明白企业为什么而存在，企业是实现理想抱负的载体。只有这样，企业家才能充分地投入精力与激情，才能不断创新。如果认为企业只是赚钱的工具，或者想赚到一笔钱之后就转行收手，这些都不是正确的事业观。三是树立正确的社会责任感。企业作为社会的组成部分，在享受社会资源的同时，理应承担相应的社会责任。作为独立经营的企业，在自己能力范围之内，要有积极承担社会责任的主动意识，企业做慈善不应该仅是宣传的噱头，不应该只是为了树立良好的社会形象，但是也不应让社会责任成为企业的包袱。

第二，注重创新意识的培育。在激烈的市场竞争中，唯创新者进，唯创新者强，唯创新者胜。创新意识表现为突破陈规、大胆探索、敢于创造的思想观念。培养创新意识与创新思维的基础是尊重事实、解放思想，这就需要开阔的视野，独特的见解。创新意识就是先破再立，不破不立，打破陈旧的思维观念与习惯。民营企业家若缺乏创新意识，便很难引领企业的进一步发展，也不能引领企业在激烈的竞争中赢得一席之地。当然，企业创新不能只停留在经济和技术层面，还应该加强组织和社会创新。对企业而言，创新是一种态度，是勇于尝试，面对失败，在不断创新的过程中实现进步。技术创新要求企业加大基础研发的投入与强度，尊重知识型员工的价值，尊重和保护知识产权；组织创新要求企业树立变革的企业文化，积极关注企业内外的环境的变化，以应对变化了的新形势。在有创新意识的同时，还要有创新的行为。创新行为最重要的是要勇于尝试。只有付诸实施才有可能会转化为成果，而行为的实施就有可能会失败，因此，要敢于面对失败，勇于承担风险。

2. 培育形式

东北民营企业家培育中存在着培育制度不健全、培育形式不具有实效性等问题。

第一，健全培育制度。民营企业家培育必须正规化、长期化、制度化，保证培育的可持续性。一是企业家素质培育长期化、正规化。建立档案化的专门机构，对企业家素质进行长期跟踪培训，为其提供最新的资讯及相关行业的前沿信息，宏观把握国际、国内政治经济形势以及行业发展趋势。通过长期持续的努力，提升整体素质。同时，企业家也要转变观念，提升认同感。二是激励约束机制系统化。有效的激励能够为培育提供动力，针对不同需求，以形成具体化针对性的激励措施；有效的约束机制，包括业绩考核制度、信用记录等，使其各项活动处于规则的限制范围内。

第二，加强企业家素质培育的实效性。加强对民营企业家的培养教育，实现人才资源的有效培养利用，必须落实到位才能收到一定的成效，因为只有保证这一培训工作的有效落实，才能使得期望不会成为一纸空谈。从落实上来看，需要形成针对性的培训内容、丰富培训形式，使得人才培育多样化。一是培训内容要更有针对性，提供个性化、有针对性的培训服务，找准企业及企业家的精准需求，以提高综合素质，提升生产经营能力，助力于企业经营绩效的改善及企业的转型跨越发展。二是培训形式的丰富多样性。针对不同企业家制订不同的培训计划，如有的企业家愿意接受国内高校的在职学习，有的企业家愿意出国深造，有的企业家愿意接受企业内部培训等。尊重企业家的意愿，选择合适的培训形式。

第三，形成市场化运作机制。企业家作为一种人才资源，属于稀有资源，而市场是资源配置的主要手段。在民营企业家素质培育过程中，以市场为导向，整合全社会资源，才能形成高效有序的竞争环境。只有坚持市场化方向，才能有效避免地方保护主义，鼓励引进来也鼓励走出去，促进企业家的发展进步，形成良好的市场环境。一是正确处理政商关系。政商关系在民营企业的进一步发展中有着重要作用，必须谨慎处理。民营企业家要具有全球化的视野，站在全球化的高度来经营企业，立足本地、服务世界。在全球范围内经营，也就是要在全球范围内竞争。理顺政商关系，首先就是要实现企业的独立及民营企业家的独立，企业的经营不应依附于任何的垄断特权，不排斥市场竞争，但也反对不正当竞争。此外，民营企业家的独立是指企业家要时刻铭记自己的本职工作是企业家，而不是进入政界的阶梯，或者以进入政界为企业谋取更多的便利。二是形成完善的公共及商业服务体系。企业经营需要良好的商业环境，需要相关部门摆正自己的位置，有效整合社会力量，为社会的进步和发展服务。建立完善的公共服务体系，要求按照市场化运作机制，行政、工商、税务等管理部门树立服务意识，为企业的经营创造便利条件，使企业家能有更多的精力来处理企业事务；此外还要求企业家要能够合理地利用高校资源，包括高校科研成果及高校人才，实现产学研相结合。建立完善的商业服务体系，如利用高度专业化的猎头公司、律师事务所、会计师事务所、资产管理咨询公司、资产评估公司、风险投资公司、破产清算公司等来为企业提供专业可靠的服务。

第四，建立合理的人才输送机制。人才是企业经营过程中最重要的资源，只有吸引、招聘到合适的人才，并使人才留下来且积极主动地为企业贡献自己的力量，才算是企业真正拥有这些人才。企业家这种更加宝贵、更加稀缺的资源，则更是需要合理的输送机制，发挥优秀人才的重要作用，创造尽可能多的社会价值。一是注重家族企业的传承问题。家族企业在东北的民营企业家中占到了较大的比重，导致民营企业家的家族继承也是一个重要议题。从企业长远发展来看，家族企业继承人选拔不能任人唯亲，应该是建立合理的人才选拔机制，任人唯贤，在同等条件可下优先考虑其直系亲属。另外，要对确定的继承人提前进行有重点、有针对性的培育，使其尽量具备一名合格企业家的基本素质。此外，新上任的民营企业家要谦虚学习，不应急于建立自己的派系而耽误了企业发展。二是加强职业经理人队伍建设。成熟的职业经理人市场能为职业经理人这一稀缺资源起到很好的调剂、监督作用。第一，应当建立职业经理人市场，将职业资格制度同步引进，探索建立符合东北民营企业自身实际状况的职业经理人制度，形成信任职业经理人的社会风气。第二，面向国内外公开招聘职业经理人，形成人才配置最优化，既给民营企业发展注入新鲜血液，也能为民营企业家整体素质的提升做出贡献。最后，建立职业经理人激励机制和监督机制。职业经理人只有在有限的权利范围内活动才能保证其个人信用，避免代理风险，实现企业利益相关者的利益最大化。

第七章　东北地区民营企业高质量发展环境保障

与国内其他地区相比，东北地区有其天然的禀赋和比较优势，各地区在自身生产条件和资源禀赋的前提下进行生产分工，就能达到资源配置的最佳效果，最大限度地提高生产效率和经济发展水平。随着经济的发展，一些地区原有的比较优势发生了变化，例如土地和劳动力成本低不再是东部沿海地区民营企业发展的优势。同时，东北地区土地多、人口少，人地紧张的矛盾相对较小，劳动力价格相对较低，产业基础较好，但存在信息受阻等弊端。

第一节　环境基础

（一）资源禀赋基础

东北地区既是边疆地区，也是沿海地区。从全球地理位置上看，东北地区是东北亚的中心，毗邻俄罗斯、蒙古和朝鲜，与日本、韩国隔海相望，具有连接欧亚大陆和太平洋的优势。其中，黑龙江省与俄罗斯边境全长 3045 千米，有绥芬河、黑河等 19 个边境市县，其中有 15 个边境口岸，这是最大的对俄罗斯开放的口岸群，对俄贸易优势明显。随着中俄友好关系的进一步发展，黑龙江流域和乌苏里江流域将走在与俄罗斯贸易和旅游合作的前沿。吉林省与朝鲜接壤 1390 千米，有吉安、通化、图们江、珲春等10个县市与朝鲜接壤。辽宁省大陆海岸线长2178千米，丹东、东沟、宽甸一市两县与朝鲜毗邻，是一个典型的沿边沿江沿海省份，与其他省份相比，对朝鲜、韩国、日本在贸易上有明显优势。在经济全球化和区域经济一体化的背景下，随着东北亚局势的缓和，东北亚将成为世界经济最具潜力和活力的地区之一。东北地区不仅处于东北亚区域合作的前沿，也是中国向全球开放的前沿。

（二）技术和人才基础

东北地区发展起步早，科技资源较为丰富，科技和人力资源优势明显，教育科技发展水平高于全国平均水平。大学和研究机构较为集中，生物技术、装备制造、新材料技术在国内处于一流水平。东北地区高等教育机构相对较密集，普通高校260所，占全国2688所普通高校总数的9.7%，本科高校141所，占全国1243所普通本科高校总数的11.3%；专业技术人员约占全国总数的10%。此外，长期的工业生产也造就了许多高素质的产业工人。这种技术和教育优势是民营企业技术创新的基础，是地区自主创新的关键，而东北地区由于地缘优势，也是吸收日韩先进技术的前沿地区，这是东北民营企业发展壮大的有利因素。

（三）产业基础

由于历史和区位原因，东北地区是中国近代工业起步最早的地区之一，资源丰富，拥有铁矿石、煤炭、木材、石油和有色金属等自然资源。在资源和生产要素成本上有优势，劳动力成本相对较低，地价远低于沿海较发达地区，能源相对有保障。新中国成立以来，实行的是以追赶战略为基础的计划经济体制，优先发展重工业，国家在东北投入巨资，进行大规模建设，直到改革开放前，东北都是我国工业化程度最高的地区。东北地区已经建立了完整的重工业生产和支撑体系，石油、钢铁和有色金属冶炼、重型机械制造、造船、汽车和飞机制造均在全国占有重要地位。每个省都有自己的工业体系，辽宁省的钢铁、石化和装备制造业基础雄厚；吉林省最大的优势是交通运输装备制造业和农牧业；黑龙江省以农牧林见长，工业上在石油化工、煤炭、电厂成套设备方面具有优势。东北地区民营企业的发展虽然滞后，但具有后发优势，只要挖掘潜力，加大政策投入，就能快速成长。当前，东北地区依托原有优势，在一些高新技术产业领域也在快速发展，具有相对优势的科技创新能力、完善的基础设施和低成本、高素质的劳动力，这将极大地支持当地民营企业的高质量发展。

（四）基础设施基础

当前，东北地区初步形成了港口、机场、铁路、公路等多种交通方式相连接的现代化综合交通体系。与其他地区相比，东北铁路网完备，有铁路干线和支线 70 多条，路网密度在国内居前列。东北东南部海岸线长 2178 千米，包括大连港、营口港、锦州港、盘锦港、丹东港、葫芦岛港等。完备的交通基础设施为参与东北亚区域合作奠定了坚实的基础，为东北地区产业布局和城市体系的形成和现代发展提供了有利条件，也为民营企业发展提供了市场空间。

2018 年以来，以新发展理论为指引的新基建在东北地区也并不落后，信息基础设施、融合基础设施、创新基础设施在东北地区有序展开，这为东北地区经济社会发展提供了新动能。

（五）产业集群基础

东北地区经济的关联性较高，正在形成以冶金、机械、汽车、化工、能源为核心的重工业集群。其中包括以数控机床和工程机械为代表的装备制造集群，以汽车、汽车发动机为代表的汽车及零部件产业集群，以精细化工、中西制药为代表的医药化工产业集群。东北经济具有一定的互补性，辽宁港口条件优越，工业经济基础雄厚，吉林汽车和化工产业相对发达，而黑龙江则拥有丰富的林业、石化和矿产资源，为制造业的发展创造了基础条件。

以沈阳、大连为中心的辽中南城市群，以长春、吉林为中心的长吉城市群，发展趋势较为明显，哈尔滨、大庆、齐齐哈尔等城市构成北部城市群。辽中南城市群区位优势十分明显，空间辐射范围广，发展潜力巨大，能够发挥资源整合功能，带动沿“哈尔滨-长春-沈阳-大连”经济轴的多个城市群发展。在这个经济轴上，大连和沈阳为龙头，推动哈大经济带发展，形成辐射整个东北的空间格局，同时，以沈阳、长春、哈尔滨等区域城市为中心，形成产业集群，如大连的船舶产业、沈阳的飞机制造产业、长春的汽车和轨道交通产业、哈尔滨的电气设备制造产业等。

第二节　完善政策支撑

如前所述，民营企业的发展受政策环境影响较大。东北地区民营企业要深入贯彻新发展理念，把高质量发展作为谋发展、出政策的主轴，继续放宽对民营企业的政策，深入研究民营企业发展质量和效益问题，制定促进民营企业高质量发展的产业政策，形成高质量的产业发展路径，引导民营企业走高质量发展路径。在相关政策出台以后，还需要密切关注政策的落地情况，以有效提升企业的获得感。传承钉钉子精神，加强政策的执行落实、监督检查和责任考核工作，充分发挥商会组织的作用，积极参与政策制定、实施和评估，完善政策内容，确保各项政策让民营企业从中获得进一步发展的空间。为此，建立政策间的协同合作机制，有利于帮助民营企业解决制约发展的各种具体问题，如加快实施“互联网+政务服务”改革，利用信息化手段解决政府部门间信息不对称、政策体系不健全等问题，建立政策信息和规章制度库，加强政府各部门的互联互通和去中心化，使用语义识别系统发现政策之间协调合作的冲突，并以政策为导向，确保改革措施的一致性、同步性和业务完整性。

从目前的发展形势看，综合实力不强、规模偏小仍然是民营企业的整体特征，尤其是我国经济发展进入新常态后，很多民营企业不适应这种三期叠加的生存状态，或停产或破产。因此，从政策层面加强支持服务，是促进民营企业进一步发展的必然选择。

1. 持续推进平等准入制度改革

第一，进一步放宽市场准入条件，加快建立标准一致的市场准入制度。各级政府要出台相应政策措施，以保证全面落实党中央、国务院出台的一系列促进民营企业发展的政策措施，进一步打破所有制界限，取消“玻璃门”“弹簧门”等一系列限制民营企业发展的政策措施，建立不同所有制企业平等准入、平等竞争、共同发展的政策环境。严格按照国家立法提出的“非禁即入”要求，明确准入负面清单，允许和支持民营资本平等进入包括传统国有垄断行业在内的所有行业，放宽民营企业进入限制，废除市场准入方面的各种不合理、不平等的规定和做法。

第二，进一步推进公有制经济的战略布局，鼓励民营资本参与国有企业改革。在新一轮国有企业改制中，利用混合所有制的组织形式，鼓励更多民营资本进入一定的国有垄断行业，不仅可以增强国有企业的竞争力，也可以拓展民营企业的盈利空间，争取民营资本和国有资本共享发展的机遇和改革成果。为进一步打破现有市场的结构性垄断格局，需要严格区分垄断行业与竞争行业的界限，适合垄断的行业继续实施垄断性经营，不适合垄断的行业则必须向民营企业开放。

第三，全面深化“放管服”改革，简政放权，转变工作作风，不断优化民营企业发展的制度环境。进一步加强地方政府廉政建设，减少政府对市场的直接干预，扫除民营企业发展的制度性障碍。地方政府在招商引资时，要消除偏见，像对待国有企业和外资企业一样对待国内的民营企业，不得因所有制、规模不同而区别对待。招商引资后，地方政府要密切关注企业发展，及时落实相关投资政策，帮助企业解决实际困难。进一步加强政府效能建设，理顺行政审批事项，优化办理程序，提高办理效率，推进电子信息化办公、一站式办公、公开办公，明确办理手续、时限，并公开办理结果。加快工商登记制度改革，降低有限责任公司注册资本要求，推动建立企业核准登记制度，在学习国际国内先进经验的基础上建立适宜区域发展的审批制度。

2. 拓宽民营企业融资渠道

融资问题一直是制约我国民营企业发展的瓶颈。为了解决这个问题，除了引导民营企业创业者建立科学的消费观以外，还需要通过制度创新，构建能够满足中小企业融资需求的金融体系，打通民营企业融资渠道。

第一，加快构建和完善多层次、多元化的资本市场，有效满足民营企业在主板市场融资的需要。在风险可控的前提下，支持可靠性高、社会贡献大、可持续发展能力强的民营企业利用债券、股票、基金等方式筹集企业发展所需的资金。进一步整合完善产权交易市场，为民营企业提供股权转让服务，鼓励民营企业通过股票融资、项目融资等方式筹集企业发展所需资金。对此，创业板市场的发展也需要加快，充分发挥其服务中小企业的功能。从国际融资经验来看，多层次的资本市场是市场经济条件下企业融资的有效途径，是企业实现市场竞争的有效途径。目前，我国资本市场相对单一，选择性不强，服务对象主要是国有企业或大型企业。占中小企业90%以上的民营企业，只能依托区域资本市场直接融资。因此，在加强有效监管和必要的风险控制的前提下，加快建立和完善二板市场，以满足中小企业融资需求。

第二，推进金融机构改革，拓宽间接融资渠道，进一步扩大对民营企业的金融支持。推动金融体制创新，支持和鼓励经济实力强、声誉好的民间资本成立自负盈亏、敢于冒险的银行、典当行、拍卖行和担保企业等金融机构，在政府主导的有效监管下，为民营企业提供贷款和其他金融服务。同时，尽快出台民间投资管理办法，带动商业银行和信用社吸纳民间资本入股，进一步提升区域金融机构服务民营企业的能力。进一步建立健全银行贷款额度管理机制，鼓励地方商业银行，特别是区域性商业银行和信用社进一步扩大对民营企业的信贷支持力度，减轻民营企业的融资压力。此外，为促进民营企业进一步发展，增加专项资金补助额度。财政支出也应该惠及不同的市场主体和人群，各级财政政策要符合市场经济的一般规律，财政政策要坚持国民待遇原则，彻底消除不符合时代发展的政策和制度。在预算安排方面，发展资金支持不应再受到所有权歧视，符合支持要求的民营企业必须得到平等对待，以便个人和民营企业可以同公有制经济一样获得相同的财政支持。

第三，加快信用担保和估值体系建设，进一步增强民营企业融资能力。培育信贷需求、规范信贷市场、完善信贷体系、改善和优化信贷环境是民营企业消除融资瓶颈、提高融资能力、化解信贷危机、提高竞争力的关键。加快民营企业征信体系、担保体系和评价体系建设，企业申请贷款时，担保机构向银行发布企业信用信息，帮助企业获得银行贷款。对守信企业要给予相应的奖励，通过典型事例的影响，鼓励更多的企业信守承诺。同时，进一步降低信用担保企业的准入标准，支持和鼓励社会资本投资，对主要服务于民营企业的担保机构给予适当的政策优惠。鉴于民营企业中中小企业数量占比高的现状，要加快完善现有信用评估机制，优先向符合条件的中小企业提供信用贷款。以信用评估机制改革为基础，逐步放宽融资租赁企业准入条件，支持融资租赁，探索建立以商标权和专利权为基础的企业虚拟资产担保模式。此外，要根据实际情况，及时制定和完善民间投资管理办法，让民营企业能获取更多的融资机会。

3. 完善税收政策体系

当前，民营企业税制环境存在的问题，有必要从以下几个方面进行改进。

第一，统一税负标准，营造公平竞争的税收环境。各级政府全面落实国家支持民营企业发展的各项税收优惠政策，进一步加大税收政策和具体措施的宣传力度，及时为民营企业提供税收优惠信息服务，保证民营企业的知情权。为优化民营企业税收环境，统一税负标准，要坚持国民待遇与信息透明相结合的原则。各级政府在为国有企业和外资企业提供各种税收优惠的同时，必须对个人和私营企业提供相同的税收优惠。具体来说，统一税负标准，需要从三个方面着手。一是针对民营企业面临的“双重征税”问题，应仅对具备法人资格的民营企业征收企业所得税，对不具备法人资格的民营企业只征收个人所得税，有效减轻企业的税收负担。二是进一步完善内外资企业统一税收政策，民营企业、外资企业、国有企业的税负标准和政策应该统一，以形成公平的市场环境。三是进一步完善生产型增值税向消费型增值税转变，破除生产型增值税的税收壁垒，缩短企业固定资产投资的回报期，促进企业资本结构的改善。

第二，进一步扩大中小企业税收优惠政策范围，让更多民营中小企业享受税收优惠。鉴于我国90%以上的民营企业是中小企业，而且中小企业中以小微企业为主，应加快制定中小企业税收优惠专项法案，建立健全中小企业税收制度，进一步扩大支持鼓励范围，对中小企业给予更优惠的税收待遇。在研究和借鉴国外税收政策经验的基础上，改变传统按企业利润额确定所得税税率的方法，实行由国家统一划分类型确定所得税税率的办法，进一步扩大政策关怀范围，将所得税税率划分为中小企业范围内的企业，切实减轻中小企业负担，享受税收优惠，促进良性发展。妥善处理企业增值税和营业税税基问题，适当提高企业增值税和营业税税基，降低企业增值税和营业税税率。对小微企业，纳税人征收率可试点降低，同时提高增值税的起征点，让更多中小企业受益。

认真核定清理收费项目的必要性、合理性，明确收费项目的数量和标准，对核定为不合理的收费项目，应及时、坚决予以取消，对核定为合理的项目应实行费改税的征收管理办法。

第三，完善税收征管制度，规范各项收费。由于种种原因，民营企业往往陷入了收费超过税收的困境，这不仅影响了税基，破坏了税收征管，而且阻碍了民营企业的进一步发展。为此，各级政府要全面落实国家税收和行政事业性收费规定，税收征管前做好各部门的统筹协调，认真审查收费项目安排的必要性和合理性，明确收费项目的数量和标准，及时坚决取消不合理的收费项目。进一步完善收费项目公示制度，进一步深化“收支两条线”的方式改革。对于合理的收费项目，需要将征集委托给专门部门，其他单位和个人无权征集。对于新设立的小微企业，地方财政要对行政费用给予最大限度的政策优惠，有条件的可以适当减免各项行政费用，或者在企业设立前几年免除所有行政费用。同时，进一步优化税务管理服务体系，简化税务程序，改进税收征管方式，采用信息化管理和网上预约审核等方式，降低征管成本，减少企业支出。通过进一步完善征管制度，民营企业有权对乱收费、乱摊派等超出收费项目或标准的问题，依法拒绝，并向有关部门进行举报。有关部门接到举报后，将及时予以确认、作出明确答复，并对确定乱收费、乱摊派的行为予以严厉处罚，以保护民营企业的合法权益。

第三节　充分发挥市场机制作用

我国的市场经济是市场在资源配置中起基础作用，同时要发挥好政府作用的经济运行体系，“实现市场有效、政府有为，推进高质量发展”①。市场准入容易程度是衡量民营企业发展环境质量的重要指标。为了促进民营企业的发展，应允许民营企业自由进入各个行业和市场，保护民营企业平等参与竞争。

（一）放宽市场准入

按照循序渐进和重点突破的原则，制定和实施《国家反垄断法》，推动制定行业放松管制和市场化的目标、步骤及相应的支持措施。加快完善政府特许经营制度，规范招投标行为，支持民营资本参与各类公用事业、基础设施、军工、电信等与国家安全相关领域的投资、建设和经营；可以以限定投资比例的方式允许民营企业参与相关研发和商业活动；对于涉及公共安全和公共利益的航空铁路运输等，供水、供气、供暖等，垃圾污水处理、教育、医疗、卫生等，煤炭、石油、天然气等领域，允许符合条件的民营企业通过招标等方式开展业务，发放许可证，但应具体、公开、平等对待相关资质和准入要求。对于城市生活污水和垃圾处理、植树造林、防沙治沙等环境领域制定专项激励措施，对民营企业完全开放。

（二）改善市场竞争环境

切实放宽民营企业市场准入条件，全面清理、修改、废止违反放宽民营企业市场准入精神的规定和规范性文件。简化审批程序，提高工作效率。一是改变政府的思维方式和行为方式，加快从监管型政府向服务型政府转变。根据职能组合调整政府部门，减少职能重叠。进一步推进政府运作机制，完善问责机制和处罚机制。二是加快要素市场发展步伐。加快资本、土地、资源要素等领域的市场化改革，在经济资源特别是金融资源配置中，给予民营资本平等的国民待遇，使民营企业平等使用生产要素。三是完善国有资本退出机制。国有企业要坚持有所为有所不为的原则，反对国有企业的无序扩张，为民营企业腾出发展空间。四是推

① 曾铮. 市场有效 政府有为 扎实推进共同富裕［N］. 光明日报，2021-08-24（11）.

进国民经济国际化，加快对外开放步伐，努力形成全方位、宽领域、多层次的国际开放格局。

（三）实施非对称控制

所谓非对称控制，是指政府监管部门在不同的市场条件下，对市场经营者有不同的对待。在混合所有制改革中，对新进入垄断行业的民营企业，宜采取非对称控制的方式加以保护，防止被实力强大的国企掌控、吸收，既失去其合法效益又不能发挥应有的作用。

（四）推进垄断行业改革

垄断是效率的敌人，也是不公正的根源。垄断抑制了竞争，并影响企业的创新热情和消费者利益，需要通过强有力的反垄断手段营造公平有效的竞争格局，为民营企业进入垄断行业提供支持。推动垄断行业政企分开、政资分开，加快政府职能转变，逐步消除行政垄断对市场规则秩序的不良影响。如铁路系统必须加速政企分开、管办分开的进度，石油、电信、电力等行业可寻求分离垄断央企，培育国有企业、民营资本参与或与国有企业合作，提高民营企业的经营决策权和话语权。调整垄断行业存量和环节拆分，为民间资本腾出空间。在能源领域，国有企业必须拆分一定比例的资源由民间资本竞购，彻底取消对于民营企业参与石油交易额度的限制。探索铁路投资、建设、运营各环节分离，通过转移一部分的货运和客运资源，吸引民间资金参与煤炭运输、客运专线和城际轨道交通建设。

（五）加快完善社会信用体系

完善社会信用体系建设。政府组织有关部门建立统一的民营企业社会征信系统和运行机制，扩大征信系统的覆盖范围，加强专业机构与政府的交流与沟通，建立信息对接、资源共享、及时更新、部门协同、高效优质的征信平台，社会征信信息共享机制实现社会化。充分发挥银行贷款企业信用评级和银行征信/咨询系统作用，逐步建立企业和个人信用信息采集系统和信息共享平台，促进社会信用信息共享。① 完善企业诚信奖惩机制，综合运用法律、行政、经济、伦理等多种手段，使失信者在财务和声誉等方面付出相应的代价。

（六）平衡政府与市场的关系

改革实践表明，市场失灵和政府失灵都会存在，那么就要努力将市场的作用和政府的作用结合得更好一些，让市场有效，政府有为。要实现民营企业的高质量发展，必须调节处理好政府与市场之间的关系，充分发挥市场在资源配置中的基础性作用，加强民营企业内生动力，坚决破除制约民营企业发展的体制机制障碍。第一，继续深化“放管服”改革。加强改革创新，优化政企互联互通服务平台，整合政府、社会组织、中介机构等服务资源，实现信息的互联互通、共建共享；简化审批事项，优化审批流程，提高审批效率，深化商事登记制度改革。第二，进一步放开民间投资领域。建立健全政府与社会资本合作项目库，鼓励和支持民间资本以多种方式进入市场化的城市基础设施建设，鼓励民营企业进入教育、医疗、体育、文化、康养等领域。第三，着力提升民营企业科技创新活力。进一步加强民营科技型企业发展，帮助企业开展核心技术研发，建立重点实验室、工程中心、企业技术中心等研发机构，引导民营企业参与国家和地方政府科技创新项目。积极实施技能人才培训项目，搭建人才招聘平台，支持民营企业面向全国乃至全球引进科技创新人才、团队和高技能人才。进一步放宽民营企业引人育人政策和制度，为人才发展提供优质的配套服务。

第四节 优化法治保障环境

优化民营经济发展的法治环境，既是民营经济健康发展的客观需要，也是社会主义市场经济体制健康发展的客观需要。因此，在我国经济发

① 国务院振兴东北地区等老工业基地领导小组办公室课题组. 深化东北地区融资体制改革研究［J］. 经济研究参考，2007（52）：43-52.

展到现阶段，有必要为民营企业的进一步发展营造良好的法律环境，以实现市场参与者之间的平等竞争。

（一）立法层面

第一，进一步加强立法工作，尽快出台配套法律法规，从法律层面明确民营企业的平等地位。改革开放以来，党中央对民营企业认识不断加深，民营企业地位不断提高。2004 年新颁布的《宪法修正案》正式确认了其身份和地位，解决了长期以来困扰民营企业的身份认同问题。然而，法律层面的具体支持仍不足。宪法是国家的基本法，但如果宪法没有司法化，那么保护私有财产权就是一句空话。因此，为进一步促进民营企业的发展，有必要将宪法的相关规定和精神写入具体法律的条文中，使宪法成为保护民营企业的有力武器，从法律角度进一步明确民营企业的法律地位。各级立法机构要根据宪法和国家要求，尽快颁布和完善各项法律法规，促进民营企业发展。2020 年 5 月 28 日第十三届全国人大三次会议表决通过了《中华人民共和国民法典》，并自 2021 年 1 月 1 日起施行，遵循公有财产和私有财产地位平等的原则，形成以宪法和民法典为核心的架构，层次分明、统一有序、公正平等的法律体系。

第二，保护私有产权的法律体系有待进一步完善，特别是要加强对公民私有财产的保护，保护民营企业的合法权益。实践证明，民营企业合法权益的实现与私有财产法制的完善呈正相关。有效的财产保护客观上需要有一套相关的法律，对财产的权利义务、侵权后的诉讼程序、法律的适用等方面做出明确、具体的规定。对于民营企业比较关心的私有产权保护问题，要逐步制定和完善相关法律，使产权保护得到落实。通过法律法规上一系列修改和废止，建立符合宪法精神的产权保护制度。加快出台实施财产征收法规，不因权属不同造成补偿差异。据此，明确规定各级政府机关无权非法征收私有产权。进一步加强私有产权的合法收益保护，激发人们投资创业的积极性，打消创业顾虑，让民营企业放心发展。

第三，加快相关法律法规的审批。各级立法机关要以宪法对民营企业的相关规定为依据，尽快完成对阻碍民营企业发展的准入、融资、税收等法律法规的清理和修订，全面消除常规体制下的行政垄断和区域保护，规范、促进和保护市场竞争，促进多元所有制经济平等发展。根据平等保护、权利义务相统一的原则，修改或者废止阻碍民营企业发展的法律、法规、行政法规。凡与宪法规定和原则相抵触的，都必须及时修改完善。因实际需要使得“新法”与“旧法”并存时，相关部门需要尽可能明确司法解释。

（二）司法层面

司法环境的优化关键在于贯彻平等司法理念，不断提高司法保障水平，保障司法公正。法律适用的过程实际上就是解决纠纷、明确民事权利义务的过程。公民权利的实现在很大程度上取决于司法机制的公正性和完整性。因此，从这个意义上讲，司法是社会维护正义的最后一道屏障。为了优化民营企业的法律环境，一方面要在立法层面保障民营企业的平等待遇，另一方面要在司法层面保障民营企业的有效合法权益不受侵犯。两者密切相关，必不可少。

第一，进一步明确“司法为民”的观念。在司法诉讼中，各级司法机关对公有经济和民营企业提供平等保护，保障民营企业在诉讼权利、诉讼地位、诉讼程序和法律适用等方面享有平等权利。通过公正司法，妥善处理各利益相关方之间的关系，进一步化解社会纠纷，维护社会公平正义，促进民营企业的健康发展。

第二，建立健全公平公正的司法审判机制。进一步完善基于国民待遇原则的司法听证机制，明确民营企业、公有经济和政府在司法诉讼过程中的平等地位，特别是涉及行政诉讼的各类案件。各级司法机关要积极主动受理各类案件，及时办理。在案件审理中，还应考虑减轻民营企业的费用负担，以及其他间接费用支出和经济损失。

第三，建立健全司法监督机制。司法实践要求法律严厉打击各种侵犯民营企业合法权益的违法行为，保护民营企业合法权益不受侵害。这就需要转变公共执法人员的传统管理观念，通过多种方式的学习和培训，全面提高理论素养和工作效率。对此，必须进一步完善以平等正义为核心的司法监督体系，切实保护各类市场主体的合法权益，不受权属差异的影响。

（三）执法层面

如何在有保护民营企业合法权益的法律前提下，落实各项法律法规，就成了保护民营企业的合法权益落地的问题。在计划经济的影响下，一些政府部门往往以命令的方式行使行政权力，不太关注民营企业的合法权益，甚至侵犯了民营企业的一些合法权益。为此，在行政执法层面，要提升依法行政能力，切实保护民营企业合法权益。

第一，进一步强化依法行政的观念。各级政府和官员要依法依规，进一步强化依法行政的思想，树立自觉为民营企业服务的理念，纠正对民营企业的歧视和不公平待遇。既要确保国有企业和外资企业中的国民待遇，也要确保个人、民营企业和其他主体适用统一的法律原则，并平等保护其合法权利。

第二，进一步明确政府公平执法的原则。按照有限政府的原则，推进政府机构改革和政府职能转变，科学界定政府与民营企业的关系，保持政府与民营企业的适当距离。建立严格的违宪审查机制，建立行政权力与行政责任的密切联系，进一步加强政府部门行政权力的制衡，防止滥用行政权力。进一步完善绩效考核机制，建立健全政府信息公开制度，积极推进政府机构改革，不断提高各级政府依法执政能力，加快形成公平、透明、高效、廉洁的行政体制。

第三，进一步提高执法人员素质。高水平的行政执法需要高素质的行政执法人员，因此有必要全面提高执法人员素质，优化民营企业发展的法制环境。加强对执法人员法学基础理论的培训，进一步强化科学依法行政理念；从严监管执法人员，坚决杜绝野蛮、随意和违法执法行为；加快建立行之有效的执法体系，加大对行政执法人员权钱交易、以权谋私的打击力度，保护民营企业合法权益不受损害。

（四）加强民营企业家合法权益保护

只有依法保护企业产权和企业家的权利，民营企业才能安心发展。

第一，加强企业家财产权保护。全面贯彻落实相关法律法规，认真把握处理产权和经济纠纷的司法政策。对民营企业的经营行为，只要法律法规无明确禁止的情况，都不应被视为违法行为。对于违法的民营企业家，保障其合法的财产处置权利。

第二，加强企业知识产权保护。坚持知识产权司法保护的引领作用，加强对原创知识产权的保护，特别是对基础前沿领域和关键核心技术，以及技术成果的保护，加强对创新程度高的发明创造的保护，加强对侵犯知识产权、品牌商誉的处罚力度，着力解决知识产权侵权赔偿不足的问题。

第三，加强对企业家自主经营权的保护。尊重民营企业自主经营权，依法坚决惩处干扰企业经营活动的行为，实行企业收费清单制度，取消清单外一切收费，营造良好的市场环境。

第五节　打造优质营商环境

改革开放以来，我国民营企业发展的服务环境不断改善。在国家由富向强的新发展阶段，民营企业也迎来了更大的发展机遇，需要更专业和更高效的服务。因此，优化民营经济发展的服务环境，是促进民营企业高质量发展的重中之重。

（一）加快政府职能转变

第一，创新管理理念，提高服务意识，建立促进民营企业发展的工作机制。各级政府要进一步强化服务意识，适应发展实际，切实提高服务能力。切实推进职能转变，理顺市场经济条件下政府部门与市场、市场主体的关系。民营企业主既是公民，是私有财产的拥有者，也是中国特色社会主义事业的建设者。在合法的范围内，政府的服务对象当然也包括民营企业主。公务员要改变“管理者”固有观念，确立服务者的观念，只有真正塑造廉洁高效、服务型政府和工作人员的形象，才能真正杜绝各种不良社会风气，人民才能真正支持和拥护党和政府的领导，民营企业也可以放心投资于自己的事业，为社会主义现代化建设做出更大贡献。坚持政府与市场相结合的原则，充分发挥市场在资源配置中的基础性作用，让市场在能够发挥作用的领域发挥真正的作用。采取有效的制度措施，实现管理体制由政府主导向市场主导转变，管理模式由微观主体直接管理向宏观间接管理转变，管理方式主要以行政手段为主，经济、法律、税收方法为辅，转变为以经济、法律、税收为主要手段，行政手段为辅，不断提高运行效率。

第二，打造公共服务平台，建立覆盖民营企业的服务体系。一是进一步整合协调现有服务资源，完善服务网络和服务设施，全面覆盖民营企业各个领域，妥善处理好各类服务，满足发展需要。二是积极引导民营企业进入战略性新兴产业、高新技术产业、现代服务业等领域，引导企业参与产业链融合协同，创造新的产能领域。三是各级管理部门加快建立健全产学研联合开发体系，利用各研究所最新研究成果，促进研究成果转化。四是鼓励和支持民营企业参与"一带一路"建设，搭建民营企业与国际经济技术交流、服务主管部门和其他国家地区的中小企业交流的平台，为民营企业的国际化发展提供有力支持。

第三，加大扶持力度，拨付发展专项资金支持民营企业发展。一是在各级财政预算中安排专项资金支持民营经济发展，建设一大批带动能力强、公共服务效率高的服务平台。完善平台网络和公共建设，实现各类服务平台的互联互通和资源共享。这些财政资助的服务平台需要取消各种限制，对所有企业平等开放，并适当减免中小企业服务费。二是积极引导各类科研院所，发挥各自优势，建立和发展孵化器，采取有效措施促进各地区均衡发展，不断拓宽企业发展的领域，提高发展质量。三是创新人力资源服务形式，拨付专项资金，建立专门的人力资源开发机构，有效提高企业员工素质。同时，加快户籍制度和产权制度改革。四是进一步健全社会保障体系，逐步解决引进人才的安置、子女入学、医疗、养老、职称评聘等问题。

（二）完善中介体系建设

第一，进一步完善中介机构管理。一是在市场调研和企业调研的基础上，明确哪些行业应该建立行业协会，建立多少个，哪些中介服务领域需要中介机构的服务，合理规划行业协会的数量和服务。二是进一步完善《行业协会法》等相关法律法规，明确各类社会中介机构的主体资格、设立原则、组织形式、管理机制、财务制度、行业规范等，保证中介组织能有法可依。三是建立健全民营企业统计监测机制，加强对民营企业产前、产中、产后各环节的监测分析。四是纠正和规范各类中介组织，加强中介行业自律，实现中介组织的优胜劣汰。五是建立中介机构监督制度，坚决打击出具虚假报告和重大失实报告的违法违规行为，依法追究其责任。

第二，优化中介组织发展的外部环境。一是向民营企业宣传发展行业协会和各类中介组织的必要性和重要性，使民营企业加深对其职能和作用的认识，引导民营企业积极参与行业团体、行业协会和中介机构，获取业务发展所需的服务。二是进一步打破服务资源垄断，消除行业进入壁垒，加快不同所有制投资者发展社会中介机构，并在此基础上制定配套规章制度，并加快完善。根据市场发展和区域发展的实际，公开服务项目和服务收费，消除基于垄断地位的各种不正当收费。三是进一步深化改革，解除特定中介机构与行政部门之间的利益转移关系，使其发展符合市场规范。四是加快事业单位改革，鼓励社会中介机构发展，鼓励民间资本参与服务体系建设，打破基于所有制框架形成的利益体系。

第三，全面提升中介服务能力。一是建立规范的管理制度，参与会员按照“谁参与、谁建设、谁管理”的基本原则，通过投票选出有能力、合适的代表作为协会的主要领导和负责人，同时成立相应的管理部门，制定行业法规，满足企业和市场的发展需要。二是各行业协会和社会中介机构要着力提升自身素质，积极吸纳高科技、高素质的专业人才，转变现有人员结构。加强中介人员综合素质和服务能力培训，全面提升行业协会和社会中介机构的服务能力。积极促进行业团体内外的交流与合作，开阔员工的视野。三是行业团体和中介机构需要及时、准确、全面地了解和获取各种信息，以有效提高自身在市场竞争中的管理能力和自律能力。四是充分发挥工商联职能，建立健全第三方评价机制。加快建立健全地方工商联组织的创业评价机制，由民营企业家对地方政府及其工作人员的满意度进行评价，及时公开评价结果。对工作效率高、服务态度好、企业满意度高的部门和员工及时宣传。

（三）构建新型政商关系

第一，畅通政商沟通渠道，规范政商往来行为。坚持定期召开政企对接会，直接听取企业意见建议，由专门部门督办；借鉴兄弟省市的做法，打造政商交流“正面清单”和“负面清单”，明确边界要求，从制度层面消除党政官员和企业家的思想顾虑，建立真诚信任的良性工作关系。

第二，深入开展不作为不担当问题专项治理，继续强化纪律处分和问责机制，严厉查处各种违法违规行为，大力纠正危害营商环境的人和事，维护企业合法权益。

第三，积极研究制定营商环境评价指标体系。各地区营商环境要从许可、创业、信贷、纳税、跨境贸易等方面进行评价排名，针对自身短板，积极推动营商环境优化，提升民营经济发展质量。

参考文献

[1] 陈学慧,林火灿."三期"叠加是当前中国经济的阶段性特征[N].经济日报,2013-08-08(1).

[2] 李克强:振兴东北最终要靠改革激发内生动力[EB/OL].(2014-07-31)[2021-07-12].http://www.gov.cn/guowuyuan/2014-07/31/content_2727929.htm.

[3] 孙忠焕.论民营经济及其在区域经济发展中的作用:浙江台州市的实践[J].财经论丛(浙江财经学院学报),2001(6):13-19.

[4] 邵映红.民营经济对中国城市化的推动作用研究[D].武汉:武汉大学,2004.

[5] 李宝梁.民营经济在城市和区域发展中地位作用的比较分析[J].天津大学学报(社会科学版),2007(2):164-168.

[6] 谢思全,张熇铭.我国三大区域民营经济发展优势与特色之比较分析[J].现代财经,2009,29(2):53-60.

[7] 许高峰,王炜.论我国民营经济对区域经济建设与发展的作用:以苏南模式、温州模式、珠江模式为例[J].天津大学学报(社会科学版),2010,12(6):492-497.

[8] 赵磊.吉林省民营经济存在的问题与对策研究[D].长春:吉林大学,2014.

[9] 厉以宁.中国道路与民营企业高质量发展[J].宏观质量研究,2020,8(2):1-8.

[10] 姚智谋,白凤峥.我国民营经济发展历程及其作用[J].浙江工商大学学报,2006(1):93-96.

[11] 王志凯.民企要绽放高质量发展舞台必先苦练内功[J].财经界,2019(28):29.
[12] 周天,杨宏伟.民营经济的地位与作用:对增长、就业和产业效率贡献的比较研究[J].经济论坛,2006(2):65-68.
[13] 陈熙.现阶段我国民营经济的地位与作用研究[D].北京:北京工业大学,2013.
[14] 胡金焱.民营企业高质量发展要建设好四大支撑体系[N].经济日报,2019-03-14(16).
[15] 卞海.长三角区域合作中江苏民营企业高质量融合发展研究[J].江南论坛,2019(10):16-18.
[16] 翁建荣.进一步促进民营经济高质量发展[J].浙江经济,2018(23):23-24.
[17] 周戎,夏梁.深化商事制度改革 服务民营经济高质量发展[N].湖北日报,2019-04-20(7).
[18] 郭敬生.论民营经济高质量发展:价值、遵循、机遇和路径[J].经济问题,2019(3):8-16.
[19] 刘源,谢水园.推进辽宁民营经济高质量发展的逻辑思考与对策研究[J].特区经济,2019(2):125-127.
[20] 马嵩.东北地区民营经济发展特点及路径选择[J].东北师大学报(哲学社会科学版),2015(3):77-80.
[21] 刘迎秋.我国民营经济发展的理论与实践探索[J].经济学动态,2005(6):20-24.
[22] 高尚全.加快体制创新,促进西部大开发和民营经济发展[J].中国改革,2000(11):4-8.
[23] 刘伟.民营经济先天不足[N].中国产经新闻,2001-01-28(7).
[24] 苏波.六大因素制约中国中小企业和民营经济发展[J].经济研究参考,2004(15):13-14.
[25] 谢健.民营经济发展模式比较[J].中国工业经济,2002(10):76-82.
[26] 晓亮.青浦模式:发展民营经济的第三种模式[J].中国工商,2001(7):102-104.
[27] 吴先华,郭际,翟爱国."苏南模式"演进过程中政府职能的转变[J].

江苏商论,2006(4):11-12.
[28] 刘国良.苏南模式与温州模式、珠江模式的比较[J].浙江经济,2006(18):36-37.
[29] 史晋川,朱康对.温州模式研究:回顾与展望[J].浙江社会科学,2002(3):3-15.
[30] 陈智敏.论苏南模式与温州模式[J].合作经济与科技,2006(10):9-10.
[31] 徐忠友,李继凯."温州模式"是否过时?[J].小康,2006(5):66-67.
[32] 张敏,顾朝林.长江三角洲都市连绵区可持续发展战略研究[J].长江流域资源与环境,2001(2):112-117.
[33] 张敏,顾朝林.农村城市化:"苏南模式"与"珠江模式"比较研究[J].经济地理,2002(4):482-486.
[34] 王缉慈.关于北京中关村发展模式的深层思考[J].北京联合大学学报,2000(1):54-57.
[35] 韩旭.民营经济发展中的政府角色:从 LY 市的实践来看[J].湖南社会科学,2002(6):37-40.
[36] 王秋红.略论政府在民营经济发展初期的作用[J].桂海论丛,2002(6):49-51.
[37] 王尚银.私营经济发展与政府行为:温州政府的无为与有为[J].社会科学研究,2005(2):12-15.
[38] 沈立人.地方政府在转变经济增长方式中的任务和举措[J].财经问题研究,1996(5):3-5.
[39] 聂智琪.制度变迁中的政府行为分析:苏南模式的启示[J].开放时代,2003(2):39-50.
[40] 顾松年.谈谈对苏南模式走向完善的动态研究[J].江南论坛,1998(5):10-11.
[41] 左正."珠江三角洲模式"的总体特征与成因[J].经济理论与经济管理,2001(10):71-75.
[42] 王益澄.长江三角洲与珠江三角洲经济发展特征比较[J].长江流域资源与环境,2001(3):106-111.
[43] 刘渊.珠江三角洲城镇信息化创业发展的几点设想[J].中山大学学

报(社会科学版),2001(3):111-114.
[44] 黄少安,魏建.诸城“二次改制”的考察[J].改革,1999(2):21-26.
[45] 谢健.民营经济发展模式比较[J].中国工业经济,2002(10):76-82.
[46] 张一力.温州与苏州制度变迁的比较研究:基于人类资本结构的实证分析[J].温州大学学报,2005(8):16-21.
[47] 查振祥.珠江三角洲农村地区经济发展模式研究[J].特区经济,2002(12):15-19.
[48] 齐园.“中关村模式”的内涵、问题及对策研究[J].开放导报,2010(4):80-92.
[49] 向江林.中关村模式质疑[J].信息产业报道,2001(11):22-24.
[50] BAUM J, SINGH J. Evolutionary dynamics of organizations[M]. New York: Oxford University Press, 1994.
[51] ASHEIM B. Regional innovation policy for small-medium enterprises[M].Northamption: Edward Elgar Publishing Inc., 2003.
[52] RTEPHEN S J.The empirics of new economic geography[J].Journal of regional science, 2010, 50(1):297-311.
[53] 张文忠,李业锦.区域创新环境和企业发展研究[J].软科学,2003(6):25-28.
[54] 洪银兴,陈宝敏.苏南模式的演进和发展中国特色社会主义的成功实践[J].经济学动态,2009(4):22-25.
[55] 徐元明.乡镇体制创新与苏南模式的演进[J].中国农村经济,2003(5):45-51.
[56] 彭俊.中小企业集群理论问题研究:兼评温州中小企业集群[J].华东经济管理,2003(4):42-44.
[57] 储小平,李桦.中小企业集群研究述评[J].学术研究,2002(5):60-63.
[58] 潘忠志,李亚云,潘忠贤.民营经济发展的新模式:产业集聚[J].东北电力学院学报,2003(5):16-19.
[59] 唐高平.新温州模式的探讨[J].企业经济,2002(4):13-14.
[60] 张捷.构建民营经济发展新模式[N].南方日报,2005-03-09.
[61] 高新让,李遂英.高科技企业发展的几种创新模式[J].云南科技管

理,2000(4):3-6.
[62] 董辅礽.温州模式与中国民营经济的发展[J].宏观经济研究,2002(9):11-14.
[63] 潘学萍.在比较中寻求民营经济的发展模式[J].经济视角,2004(12):63-64.
[64] 李稻葵,梅松.中国非国有企业研究文献综述[J].经济学报,2006(2):161-178.
[65] 王劲松,史晋川,李应春.中国民营经济的产业结构演进:兼论民营经济与国有经济、外资经济的竞争关系[J].管理世界,2005(10):82-93.
[66] 樊纲,陈瑜."过渡性杂种":中国乡镇企业的发展及制度转型[J].经济学季刊,2005(4):937-952.
[67] 剧锦文.民营经济的经济学解释与发展对策[J].经济管理文摘,2003(5):20-22.
[68] 晓亮.关于民营经济的几个理论问题:我的民营经济观[J].中国流通经济,2010(10):13-16.
[69] 黄文夫.走向21世纪的中国民营经济[J].管理世界,1999(6):135-143.
[70] 晓亮.从战略高度看民营经济发展[N].厂长经理日报,1999-09-22.
[71] 李国荣."民营经济"概念辨析[J].企业经济,2007(1):5-9.
[72] 孙西克.民营经济的概念及发展模式品议[J].政策,2003(12):26-28.
[73] 阳小华.民营经济内涵问题探析[J].江汉论坛,2000(5):38-40.
[74] 任保平.新时代高质量发展的政治经济学理论逻辑及其现实性[J].人文杂志,2018(2):26-34.
[75] 杨幽红.创新质量理论框架:概念、内涵和特点[J].科研管理,2013(S1):320-325.
[76] 黄速建,肖红军,王欣.论国有企业高质量发展[J].中国工业经济,2018(10):19-41.
[77] 金碚.关于"高质量发展"的经济学研究[J].中国工业经济,2018(4):5-18.

[78] 师博,张冰瑶.新时代、新动能、新经济:当代中国经济高质量发展解析[J].上海经济研究,2018(5):25-33.

[79] 贺晓宇,沈坤荣.现代化经济体系、全要素生产率与高质量发展[J].上海经济研究,2018(6):25-34.

[80] 任保平,李禹墨.新时代我国高质量发展评判体系的构建及其转型路径[J].陕西师范大学学报(哲学社会科学版),2018(3):105-113.

[81] 黄速建,肖红军,王欣.论国有企业高质量发展[J].中国工业经济,2018(10):19-41.

[82] 道格拉斯·C.诺斯.制度、制度变迁和经济绩效[M].上海:上海人民出版社,1994:491.

[83] 柳新元.制度安排的实施机制与制度安排的绩效[J].经济评论,2002(4):48-50.

[84] PRAHALAD C K, GARY H. The core competence of the corporation [J]. Harvard business review, 1990(66):79-90.

[85] ALCHIAN A A. Uncertainty, evolution, and economic theory [J]. The journal of political economy, 1950, 58(3):211-221.

[86] 高云龙.中国民营经济发展报告 No.16(2018—2019)[M].北京:中华工商联合出版社,2020.

[87] 给民营企业发展创造充足市场空间:访国家市场监督管理总局局长张茅[EB/OL].(2018-11-06)[2021-03-15].http://www.ipraction.gov.cn/article/gzdt/ywdt/202004/305755.html.

[88] 中华人民共和国国家统计局.按登记注册类型分城镇固定资产投资[EB/OL].国家数据,(2017-05-01)[2021-03-15].http://data.stats.gov.cn/easyquery.htm? cn=C01&zb=A0501&sj=2017.

[89] 庄聪生.民营经济书写时代华章[EB/OL].(2018-11-26)[2021-03-15].http://theory.people.com.cn/n1/2018/1126/c40531-30420665.html.

[90] DE MURGER S.地理位置与优惠政策对中国地区经济发展的相关贡献[J].经济研究,2002(9):14-23.

[91] FRYE T, SHLEIFER A. The invisible hand and the grabbing hand[J]. American economic review, 1997, 87(2):354-358.

[92] 马克思,恩格斯.马克思恩格斯选集:第2卷[M].中共中央马克思恩格斯列宁斯大林著作编译局,编译.北京:人民出版社,1972.

[93] 胡尹燕.中国农村土地制度变革的历史回顾与创新思考[J].国土经济,2003(7):11-14.

[94] 川粤农民工调查:记录几十年中国农民工群体时代变迁[N].四川日报,2019-02-11.

[95] 丁红颖.试论如何加强国有土地资产管理[J]沈阳农业大学学报(社会科学版),1999(2):117-120.

[96] 国土资源部.招标拍卖挂牌出让国有建设用地使用权规定(部39号令)详解[EB/OL].(2007-12-12)[2021-03-15].http://www.mnr.gov.cn/gk/zcjd/200712/t20071212_2364694.html.

[97] 国土资源部解读《全国工业用地出让最低价标准》[EB/OL].(2006-12-27)[2021-03-15].http://www.gov.cn/jrzg/2006-12/27/content_481352.htm.

[98] 刘仲刚,李满春.中国工业用地出让制度变革前后的博弈行为分析[J].经济论坛,2008(21):69-71.

[99] 唐文琳,肖崎.从民间借贷到民营银行:金融制度的创新[J].广西大学学报(哲学社会科学版),2004,26(2):46-50.

[100] 陈三可,赵蓓.研发投入、风险投资与企业融资约束:基于中国制造业上市企业的实证分析[J].管理评论,2019,31(10):110-123.

[101] 张燕.人力资本对企业价值的影响及机理研究[D].太原:山西大学,2020:6.

[102] KEIZERA A,HALMAN J,SONG M.From experience:applying the risk diagnosing methodology[J].The journal of product innovation management,2002(3):213-232.

[103] 卢现祥.论产权制度、要素市场与高质量发展[J].经济纵横,2020(1):65-73,2.

[104] 洪昊.产权异质、产能失衡和货币政策非对称效应研究:兼论宏观政策组合应对结构性困境的效力[D].杭州:浙江工商大学,2018.

[105] 刘小玄.中国工业企业的所有制结构对效率差异的影响[J].经济研究,2000(2):17-25.

[106] 林毅夫,姚洋.东亚奇迹中的农村工业化[M]//约瑟夫·E.斯蒂格利茨,沙希德·尤素福.东亚奇迹的反思.北京:中国人民大学出版社,2003:105-106.

[107] 潘石,王文汇.东北老工业基地私营经济加快发展的路径选择[J].东北师大学报(哲学社会科学版),2009(3):135-139.

[108] 省市场监管局发布首个私营企业数据分析报告[N].辽宁日报,2020-03-10.

[109] 辽宁省统计局.2020年1—12月份全省规模以上工业企业利润下降4.2%[EB/OL].(2021-01-29)[2021-03-15].http://tjj.ln.gov.cn/sjjd/sqzx/202101/t20210129_4077706.html.

[110] 辽宁省政府工作报告(2020年1月14日　唐一军)[N].辽宁日报,2020-01-22.

[111] 吉林省出台实施细则促进中小企业发展[EB/OL].(2020-11-26)[2021-03-15].http://www.cs.com.cn/xwzx/hg/202011/t20201126_6115233.html.

[112] 黑龙江省全面激活民营经济发展活力[N].黑龙江日报,2020-10-29.

[113] 高元录,钱智勇.东北地区民营经济发展的制度分析[J].东北亚论坛,2007(1):73-77.

[114] 洪银兴,陈宝敏.苏南模式的新发展:兼与温州模式比较[J].改革,2001(4):53-58.

[115] 徐元明.新环境条件下苏南农村企业体制的再创新[J].学海,2003(6):157-159.

[116] 江苏省统计局.2020年江苏民营经济发展情况分析[EB/OL].(2021-03-02)[2021-03-15].http://tj.jiangsu.gov.cn/art/2021/3/2/art_4031_9685102.html.

[117] 叶扬.苏南模式:乡镇企业发展的经济学分析[J].乡镇企业·民营企业,2004(8):17-20.

[118] 邹宜民,戴澜,孙建设.苏南乡镇企业改制的思考[J].经济研究,1999(3):59-65.

[119] 史晋川,朱康对.温州模式研究:回顾与展望[J].浙江社会科学,

2002(3):3-15.

[120] 费孝通.珠江模式再认识[M]//费孝通文集:第 12 卷.北京:群言出版社,1999:289.

[121] 费孝通.行行重行行[M].银川:宁夏人民出版社,1992:539.

[122] 孙早,鲁政委.市场制度变迁、产业结构与西部经济发展[J].世界经济,2002(12):74-81.

[123] 国家统计局.中华人民共和国 2020 年国民经济和社会发展统计公报[EB/OL].(2021-02-27)[2021-03-18].http://www.stats.gov.cn/tjsj/zxfb/202102/t20210227_1814154.html.

[124] 李靖宇,张晨瑶.国家重量级战略区域东北民营经济发展问题探讨[J].东北亚论坛,2012(2):96-106.

[125] 樊纲,王小鲁,张立文,等.中国各地区市场化相对进程报告[J].经济研究,2003(3):9-18,89.

[126] 杨坚旭.转变发展方式,走资源节约型发展之路[J].金融经济(理论版),2011(5):24-25.